AI 电商实战
入门到精通

AI导购+AI设计+AI视频直播+AI营销客服

徐捷　吴振彩 ◎ 编著

化学工业出版社

·北京·

内 容 简 介

本书深入剖析了AI在电商领域的最新应用与趋势，通过50多个实操案例解析、140多分钟同步教学视频，帮助读者全面掌握AI技术如何重塑电商生态。全书分为四大篇，具体介绍如下。

【AI导购】篇：从基础概念到实战应用，详细讲解AI导购系统的原理、发展历程及其在电商各阶段的作用，包括需求触发、信息检索、购买决策及购买行为等，助力商家精准推荐商品，提升转化率。

【AI设计】篇：介绍如何使用AI工具如文心一格、Midjourney等进行高效的电商设计与广告设计，涵盖商品图片生成、LOGO设计、包装设计等多个方面，帮助品牌快速打造独特的形象，提升知名度。

【AI视频与直播】篇：聚焦AI在电商视频制作与数字人直播中的应用，展示如何利用FlexClip、剪映、即梦AI等工具快速生成精美的视频，以及通过腾讯智影等平台实现数字人直播，创新带货形式，增强用户互动性与黏性。

【AI营销与客服】篇：深入解析AI智能营销与客服的解决方案，包括如何利用AI技术精准定位目标用户、生成高效的营销文案，以及配置智能客服系统提供高效的客户服务，全面提升电商营销效果与用户满意度。

本书适合人群：一是电商平台的运营人员、美工人员、营销人员、客服人员等；二是需要了解AI技术的电商商家；三是从事AI技术研发的工程师、数据分析师、算法工程师等；四是电商相关专业的学生和教师。

图书在版编目(CIP)数据

AI电商实战入门到精通 ：AI导购+AI设计+AI视频直播+AI营销客服 / 徐捷，吴振彩编著. -- 北京 ：化学工业出版社，2025. 7. -- ISBN 978-7-122-48361-4

Ⅰ. F713.365.2-39

中国国家版本馆CIP数据核字第2025198MB1号

责任编辑：王婷婷　李　辰　　　　　　　封面设计：异一设计
责任校对：李　爽　　　　　　　　　　　装帧设计：盟诺文化

出版发行：化学工业出版社（北京市东城区青年湖南街13号　邮政编码100011）
印　　装：河北尚唐印刷包装有限公司
710mm×1000mm　1/16　印张13½　字数266千字　2025年9月北京第1版第1次印刷

购书咨询：010-64518888　　　　　　　　售后服务：010-64518899
网　　址：http://www.cip.com.cn
凡购买本书，如有缺损质量问题，本社销售中心负责调换。

定　　价：79.80元　　　　　　　　　　　　　　　　　版权所有　违者必究

前　言

◎ 痛点解析

电商行业的痛点众多，从用户个性化需求的满足、产品展示的创新到营销策略的精准执行，每一个环节都充满了挑战。本书紧扣这些痛点，通过应用AI技术，提供了一系列的解决方案。

·人工成本高：传统电商需要大量的人力资源进行商品推荐、客户服务和直播等工作，这不仅增加了企业的运营成本，还限制了业务的扩展速度。AI导购能够通过智能推荐系统，为用户提供个性化的购物建议，提升用户体验和购买转化率。通过大数据分析和智能推荐，帮助商家提高转化率，降低用户流失率。

·用户体验差：用户在购物过程中经常遇到信息不对称、个性化推荐不准确等问题，影响了购买决策和满意度。设计人员可以利用AI辅助设计工具，快速生成创意设计，满足市场对快速迭代的需求，缩短设计周期，降低人力成本。

·效率低下：传统客服系统无法实现全天候服务，且处理速度慢，难以满足用户的即时需求。AI数字人直播可以运用AI技术创造虚拟主播，实现24小时不间断直播，吸引更多用户关注，提升直播互动性和用户体验。

·内容创作成本高：电商平台需要大量的视觉素材和视频内容来吸引用户，但这些内容的制作成本高昂且耗时长。AI营销与客服可以通过智能分析用户行为，实现精准营销和高效的客户服务，降低成本并提高客户满意度。

◎ 写作驱动

随着人工智能技术的飞速发展，其在各行各业的应用日益广泛，特别是在电商领域，AI的潜力被无限放大，成为推动行业转型升级的关键力量。然而，尽管AI电商的前景广阔，但如何有效地将AI技术融入电商实战，解决行业痛点，提升用户体验和运营效率，仍是摆在众多从业者面前的一大挑战。

本书正是在这样的背景下应运而生的，通过系统的知识传授和实战经验分享，帮助广大电商从业者及对此领域感兴趣的读者，解决当前电商面临的痛点，并提供一系列创新解决方案。掌握AI技术在电商领域的应用技巧，可以实现业务的快速增长与转型升级。

◎ 本书亮点

·**实战导向**：本书不仅理论扎实，更注重实战操作。书中的案例和教程都是基于实际的电商场景设计的，确保读者能够学以致用。每一章都配有详细的案例分析与步骤指导，让读者能够迅速上手，将AI技术应用于电商业务中。

·**全面覆盖**：从AI导购到AI设计，再到AI数字人直播与AI营销客服，本书全面覆盖了AI在电商领域的四大关键应用，为读者提供了完整的AI电商解决方案。

·**案例实战**：书中介绍了最新的AI技术和工具，帮助读者把握行业发展趋势，还提供了50多个实操案例，帮助用户在实际应用中深化理解，提升技能。

·**丰富资源**：书中特别赠送了50多组AI提示词和90多个精心设计的素材与效果文件，以及140多分钟同步教学视频，这些资源不仅能够帮助读者更好地理解和掌握书中的内容，还能激发人们的灵感，促进实践创新。

◎ 温馨提示

·**版本更新**：在编写本书时，是基于当前各种AI工具和软件的界面截取的实际操作图片，但本书从编辑到出版需要一段时间，这些工具的功能和界面可能会有变动，请在阅读时，根据书中的思路举一反三进行学习。其中，Midjourney为V6.1版本，Photoshop AI为2024版本，ChatGPT为4o版本，剪映为5.5.0版本。

·**提示词**：提示词也称为关键字、关键词、描述词、输入词、代码等，网上大部分用户也将其称为"咒语"。即使使用相同的提示词，AI工具每次生成的文案、图片或视频内容也会有差别。

·**关于会员**：Midjourney、Photoshop AI、剪映等工具或某些功能，需要订阅会员才能使用。对于AI爱好者，建议订阅会员，这样就能畅享AI功能。

◎ 本书作者信息

本书由徐捷、吴振彩编著，感谢向航志、苏高等人帮助整理资料。由于时间仓促，书中难免存在不妥之处，欢迎广大用户指正。

编著者

目　录

【AI 导购】

第 1 章　AI 电商应用：智能科技驱动，打造全新消费体验 1

1.1　快速了解人工智能 2
　　1.1.1　人工智能的基本概念 2
　　1.1.2　人工智能的发展历程 3
1.2　认识 AI 电商 4
　　1.2.1　什么是 AI 电商 4
　　1.2.2　AI 电商的优势 6
1.3　AI 电商的应用场景 6
　　1.3.1　AI 导购 7
　　1.3.2　AI 营销 9
　　1.3.3　AI 引流 11
　　1.3.4　AI 文案 12
　　1.3.5　AI 设计 16
　　1.3.6　AI 视频制作 18
　　1.3.7　AI 数据分析 22

第 2 章　AI 智能导购：AI 助力商品销售，提升转化效果 24

2.1　认识 AI 导购系统 25
　　2.1.1　什么是 AI 导购 25
　　2.1.2　AI 导购的发展历程 25

		2.1.3	AI 导购的应用场景和优势 ································· 27
		2.1.4	AI 导购未来的趋势 ·· 30
	2.2	AI 导购在电商各阶段的作用和应用 ····························· 31
		2.2.1	需求触发阶段：AI 种草 ··································· 31
		2.2.2	信息检索阶段：聊天机器人 ······························ 32
		2.2.3	购买决策阶段：AI 数字人 ································ 33
		2.2.4	购买行为阶段：AI 附加销售 ····························· 35

【AI 设计】

第 3 章　AI 电商设计：打造独特的品牌形象，提升店铺知名度 ········ 37

3.1　使用文心一格进行电商设计 ·· 38
- 3.1.1　使用推荐模式生成商品图片 ······························· 38
- 3.1.2　选择合适的商品图片风格 ·································· 39
- 3.1.3　设置商品图片的比例和数量 ······························· 41
- 3.1.4　使用自定义功能生成商品图片 ···························· 43
- 3.1.5　上传参考图生成类似的图片 ······························· 45

3.2　使用 Midjourney 进行电商绘画 ·································· 47
- 3.2.1　通过 imagine 指令生成商品图 ···························· 47
- 3.2.2　通过 describe 指令生成商品图 ··························· 50
- 3.2.3　通过 blend 指令合成商品图 ······························· 53
- 3.2.4　通过 Remix mode 生成商品图 ···························· 54
- 3.2.5　AI 一键修改模特脸部 ······································ 57

3.3　使用 Midjourney 进行 LOGO 设计 ······························· 61
- 3.3.1　运用 ChatGPT 生成提示词 ································ 61
- 3.3.2　运用 Midjourney 生成 LOGO ······························ 62

3.4　使用 Midjourney 进行包装设计 ··································· 63
- 3.4.1　生成项链包装效果图 ······································ 64
- 3.4.2　通过种子重新生成图像 ··································· 65
- 3.4.3　用 Upscale 提升图像质量 ································· 66

第4章　AI广告设计：设计创意产品，让品牌形象深入人心 ……68

4.1　使用 PS AI 进行电商广告设计 …… 69
- 4.1.1　修改广告图片的背景 …… 69
- 4.1.2　去除广告图片中的文字 …… 71
- 4.1.3　去除广告图片中的人物 …… 73
- 4.1.4　增加画面中的广告元素 …… 75
- 4.1.5　改变商品广告图片中的主体 …… 78
- 4.1.6　给图片中的模特一键换装 …… 80

4.2　使用 PS AI 进行产品广告设计 …… 81
- 4.2.1　去除图像中多余的元素 …… 82
- 4.2.2　替换海报的天空效果 …… 83
- 4.2.3　增强图像的暖色调效果 …… 84

4.3　使用 PS AI 进行产品包装设计 …… 85
- 4.3.1　制作手提袋背景与文字 …… 86
- 4.3.2　利用 AI 生成房地产 LOGO …… 88
- 4.3.3　制作手提袋立体效果 …… 90

4.4　使用 Midjourney 进行商业海报设计 …… 93
- 4.4.1　绘制海报背景图 …… 94
- 4.4.2　绘制品牌 IP 形象 …… 95
- 4.4.3　使用混合模式合成海报 …… 97

【AI 视频与直播】

第5章　AI 电商视频：制作精美的产品视频，吸引用户关注 ……99

5.1　使用 FlexClip 生成主图视频 …… 100
- 5.1.1　一键生成主图视频 …… 100
- 5.1.2　设置视频的横纵比 …… 102
- 5.1.3　更换视频文案内容 …… 103

5.2　使用剪映生成产品介绍视频 …… 104
- 5.2.1　生成视频文案 …… 105

5.2.2 生成视频效果 106
5.2.3 替换视频素材 107
5.3 使用即梦 AI 生成电商视频 110
5.3.1 单图快速生成电商视频 110
5.3.2 添加尾帧进行图生视频 112
5.3.3 对视频画面进行重新编辑 114
5.3.4 再次生成同类型的视频 116

第 6 章 AI 数字人视频：创造虚拟形象，引领互动营销新风尚 119

6.1 认识虚拟数字人 120
6.1.1 什么是虚拟数字人 120
6.1.2 虚拟数字人的优势 121
6.1.3 虚拟数字人的应用领域 121
6.1.4 虚拟数字人的发展前景 123
6.2 虚拟数字人的技术基础 124
6.2.1 计算机技术 124
6.2.2 图像处理技术 125
6.2.3 深度学习技术 127
6.2.4 人工智能技术 128
6.3 虚拟数字人的生成工具 129
6.3.1 腾讯智影 129
6.3.2 剪映 130
6.3.3 KreadoAI 131
6.3.4 D-Human 132
6.4 使用剪映制作产品介绍视频 133
6.4.1 生成数字人 133
6.4.2 生成智能文案 135
6.4.3 美化数字人形象 137
6.4.4 制作数字人背景效果 138
6.4.5 添加无人机视频素材 139
6.4.6 添加数字人同步字幕 141
6.4.7 添加片头和贴纸效果 143

第 7 章　AI 数字人直播：创新带货形式，增加用户互动和黏性……145

7.1 使用腾讯智影的数字人直播功能…………146
- 7.1.1 开通"数字人直播"功能的方法…………146
- 7.1.2 数字人直播页面介绍…………148
- 7.1.3 直播节目的创建与编排技巧…………148
- 7.1.4 直播数字人的形象和画面设置…………151
- 7.1.5 串联多个直播节目生成直播间…………152
- 7.1.6 监测开播风险并设置直播类型…………154
- 7.1.7 使用直播推流工具进行开播…………155
- 7.1.8 通过互动问答库与观众互动…………156
- 7.1.9 实时接管提高数字人直播互动性…………157

7.2 使用腾讯智影制作电商直播数字人…………159
- 7.2.1 熟悉"数字人播报"页面…………159
- 7.2.2 选择合适的数字人模板…………161
- 7.2.3 设置数字人的人物形象…………162
- 7.2.4 设置数字人文本与音色…………164
- 7.2.5 替换数字人的背景样式…………166
- 7.2.6 编辑数字人的文字内容…………168

【AI 营销与客服】

第 8 章　AI 智能营销：精准定位目标用户，提高网店营销效果……175

8.1 认识 AI 营销…………176
- 8.1.1 什么是人工智能营销…………176
- 8.1.2 营销人员如何使用人工智能…………177
- 8.1.3 AI 技术在市场营销中的优势…………179
- 8.1.4 AI 技术在市场营销中的劣势…………180
- 8.1.5 对 AI 营销的几点建议和展望…………181

8.2 使用 AI 生成网店内页文案…………183
- 8.2.1 生成店铺名称…………183

8.2.2 生成商品标题 184
8.2.3 生成商品主图文案 185
8.2.4 生成海报图文案 186
8.2.5 生成商品信息文案 187
8.2.6 生成卖点展示文案 188

8.3 使用 AI 生成电商营销文案 189
8.3.1 生成创意广告文案 189
8.3.2 生成品牌宣传文案 190
8.3.3 生成活动促销文案 191
8.3.4 生成情感沟通软文 192
8.3.5 生成电商短视频文案 193
8.3.6 生成直播带货文案 195

第 9 章 AI 智能客服：提供高效的客户服务，提升用户的满意度 197

9.1 AI 客服概述 198
9.1.1 AI 客服的基本概念 198
9.1.2 AI 客服的关键技术 198
9.1.3 电商平台的 AI 客服应用场景 199

9.2 配置 AI 客服 202
9.2.1 配置 AI 客服的方法 202
9.2.2 配置 AI 客服的注意事项 204

【AI 导购】

第 1 章 AI 电商应用：智能科技驱动，打造全新消费体验

在当今的数字化时代，人工智能（Artificial Intelligence，AI）技术的发展正在改变人们的生活方式和消费习惯，特别是在电商领域，AI的应用不仅推动了行业的创新与变革，还为消费者带来了全新的购物体验。本章将向大家详细介绍AI电商应用的相关知识。

1.1 快速了解人工智能

人工智能是一种通过计算机科学、数学、统计学等多学科交叉融合的方法，开发出模拟人类智能的技术和算法。它通过计算机程序和设备来实现对人类智能的模拟，从而执行各种复杂的任务。本节将详细介绍人工智能的基本概念，以及它的发展历程，帮助大家快速了解人工智能的相关知识。

1.1.1 人工智能的基本概念

人工智能具有使计算机或机器具备类似于人类的智能或能力，这些能力包括但不限于理解语言、学习、推理、解决问题、自我改进，以及在某些情况下进行创造。人工智能的核心在于让系统能够从数据中学习并做出决策或采取行动，而无须人类进行明确的编程来指示每一步操作。以下是一些人工智能的基本概念。

❶ 机器学习：机器学习是人工智能的一个分支，它使系统能够自动从数据中学习并改进其性能，而无须进行显式的编程。机器学习算法可以识别数据中的模式，并根据这些模式进行预测或决策。监督学习、无监督学习、半监督学习和强化学习是机器学习的主要类型。

❷ 深度学习：深度学习是机器学习的一个子集，它使用人工神经网络来模拟人脑中的神经元连接，以处理数据。深度学习网络能够自动从原始数据中提取特征，并在多个层次上表示数据，从而允许更复杂的模式识别和预测。

❸ 自然语言处理：自然语言处理是人工智能和计算语言学的一个分支，它使计算机能够理解和生成人类语言。自然语言处理技术包括语言翻译、情感分析、文本摘要、语音识别和生成等。

❹ 计算机视觉：计算机视觉是研究如何使计算机从数字图像或视频中"看"和"理解"世界的科学。它涉及图像识别、物体检测、场景理解、面部识别和视频分析等技术。

❺ 智能代理：智能代理是指能够在特定的环境中感知其所在环境并做出行动的实体。它们可以是软件程序，也可以是机器人，能够进行自主学习、适应环境变化，并根据目标做出决策。

❻ 强化学习：强化学习是一种机器学习方法，它关注如何使软件代理在特定环境中通过试错来学习最优行为。代理通过与环境的交互接收奖励或惩罚，并学习如何最大化累积奖励。

❼ 知识表示与推理：这是人工智能的一个重要领域，研究如何以计算机可理解的方式表示知识，并开发能够基于这些知识进行逻辑推理的算法。

人工智能的发展已经极大地改变了人们的生活，从智能手机上的语音识别和推荐系统，到自动驾驶汽车和医疗诊断中的复杂应用，它正在不断扩展其应用边界。

1.1.2 人工智能的发展历程

人工智能，作为一门融合了多学科知识的尖端技术，其发展历程见证了人类对智能极限的不断探索与突破。从最初的理论构想到如今在各行各业的广泛应用，人工智能已经走过了漫长而充满挑战的旅程。

扫码看教学视频

在深入探讨人工智能的无限潜力与广泛应用时，我们有必要先回顾其波澜壮阔的发展历程。从最初的萌芽到如今的蓬勃兴盛，人工智能不仅见证了科学技术的飞跃式进步，而且深刻影响了人类社会的每一个角落。这一过程不仅展现了人类智慧的结晶，也预示了未来科技发展的无限可能。

人工智能的发展可以追溯到20世纪，其发展历程大致可以分为以下几个阶段。

1. 起步发展期

20世纪，人工智能作为一门新兴学科悄然诞生，伴随着神经元模型的提出和图灵测试的构想，人类开启了探索机器智能的壮丽篇章。

❶ 概念的提出与基础的奠定：1943年，美国神经科学家麦卡洛克和逻辑学家皮茨提出神经元的数学模型，为现代人工智能学科奠定了基础。

❷ 重要理论与测试：1950年，艾伦·麦席森·图灵提出"图灵测试"，让机器产生智能的想法开始进入人们的视野。同年，克劳德·香农提出计算机博弈。

❸ 学科诞生：1956年，在达特茅斯学院人工智能夏季研讨会上，正式使用"人工智能"这一术语，标志着人工智能学科的诞生。

❹ 研究成果：这一时期，人工智能领域取得了机器定理证明、跳棋程序、人机对话等研究成果，掀起了人工智能发展的第一个高潮。

2. 反思发展期

进入20世纪70年代，人工智能遭遇了首次重大挑战，但正是这些挫折促使研究者们深入思考，为未来的突破积累了宝贵的经验。

❶ 神经网络低潮：由于单层感知器无法解决XOR（Exclusive OR，一种数学运算符）线性不可分问题，神经网络的研究走入长达10年的低潮。

❷ 知识表示与机器学习：马文·明斯基提出知识表示学习框架理论，机器学习研究开始兴起。

3. 应用发展期

随着技术的不断成熟，人工智能经历了相对平稳的发展期，技术积累与沉淀为后续的爆发式增长奠定了坚实的基础。

❶ 专家系统兴起：专家系统能够模拟人类专家做出决策的过程，为特定领域的问题提供专业建议，如医疗诊断系统和金融顾问专家系统。

❷ 神经网络复兴：神经网络技术的突破为人工智能带来了新的生机，在图像识别、语音识别等领域取得显著成果。

4. 蓬勃发展期

进入21世纪，人工智能迎来了前所未有的蓬勃发展期，深度学习等技术的突破使得AI在多个领域取得了令人瞩目的成就，彻底改变了人们的生活与工作方式。

❶ 深度学习兴起：21世纪初，深度学习技术的兴起彻底改变了人工智能的格局，通过构建更深的神经网络结构，在语音识别、图像分类、自然语言处理等领域取得突破性进展。

❷ AI应用广泛：人工智能技术已广泛应用于医疗、金融、制造、交通等各个领域，从智能客服到自动驾驶汽车，从智能家居到工业自动化，人工智能正以前所未有的速度改变着人们的生活和工作方式。

1.2 认识 AI 电商

随着人工智能技术的飞速发展，AI电商正逐渐从概念走向实践，它不仅重新定义了消费者与商品之间的连接方式，还深刻影响着商家的运营策略与市场竞争格局。本节将详细介绍AI电商的相关知识，让大家了解其原理、优势与主要功能，从而更全面地认识这一新兴领域的发展脉搏。

1.2.1 什么是AI电商

扫码看教学视频

AI电商是电商行业与人工智能技术深度融合的产物，它通过智能化、自动化的手段提升了电商业务的各个方面，为电商行业未来的发展注入了新的活力。

AI电商是指人工智能技术在电子商务领域的应用。这一领域通过利用AI技术来改进和优化电商业务的各个方面，旨在提供更智能、高效和个性化的服务。以下是AI电商的详细讲解。

1. 人工智能技术

作为AI电商的驱动力，人工智能技术涵盖了大数据分析、机器学习、自然语言处理、计算机视觉等多个领域。这些技术不仅为AI电商提供了强大的数据处理和分析能力，还为其实现精准营销、智能推荐、自动化客服等功能奠定了坚实的基础。

❶ 大数据分析：对用户在电商平台上的行为、购买记录、商品信息等数据进行收集、存储和分析，可以揭示数据背后的规律和趋势。

❷ 机器学习：通过训练算法模型，使机器能够自动从数据中学习并改进其性能，从而更准确地预测用户的需求和行为。

❸ 自然语言处理：使机器能够理解和生成人类语言，从而实现智能客服、语音搜索等功能。

❹ 计算机视觉：利用图像处理技术，使机器能够识别和理解图像和视频中的内容，为虚拟试穿、商品识别等应用提供支持。

2. 电商平台

通过集成AI技术，电商平台能够改进其业务模式和服务质量，为用户提供更加便捷、高效的购物体验。

电商平台需要具备强大的数据处理能力和技术支持，以确保AI技术的顺利运行和持续优化。同时，电商平台还需要与供应商、物流服务商等合作伙伴紧密合作，共同构建完整的电商生态系统，以支撑AI电商的顺利运行和持续发展。

3. 用户数据

在AI电商的运作中，用户数据扮演着至关重要的角色。这些数据不仅是用户在电商平台上的行为记录，更是了解用户需求、优化服务体验的重要依据。

❶ 重要性：用户数据是AI电商实现个性化推荐和服务的关键。通过收集和分析用户的历史行为、偏好、购买记录等信息，AI电商可以构建用户画像，了解用户的真实需求和潜在兴趣。

❷ 应用：基于用户画像，AI电商可以为用户提供更加精准的个性化推荐和服务，如商品推荐、优惠券发放、售后服务等。同时，用户数据还可以帮助电商平台优化库存管理、制定营销策略等。

❸ 隐私保护：在收集和使用用户数据时，电商平台需要严格遵守相关法律法规和隐私政策，确保用户数据的安全和合法使用。

1.2.2　AI电商的优势

扫码看教学视频

随着人工智能技术的不断成熟，它为电商行业带来了革命性的变革。AI电商以其独特的优势，正逐步重塑着消费者的购物体验，同时也为商家提供了更高的运营效率和市场洞察力。AI电商的优势体现在多个方面，这些优势不仅提升了用户体验，还推动了电商行业的整体发展。以下是AI电商的几大主要优势，如图1-1所示。

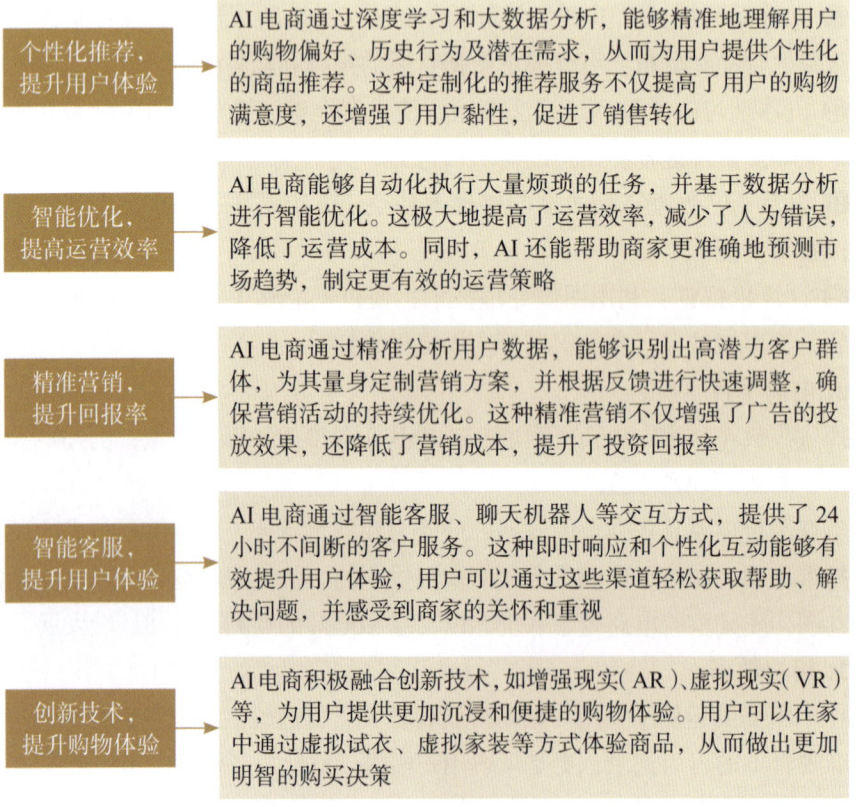

图 1-1　AI 电商的主要优势

1.3　AI 电商的应用场景

AI电商的应用场景广泛且深远，它们不仅重塑了传统电商行业的运作模式，更在多个维度上推动了商业模式的创新与升级。AI电商的应用场景正逐步渗透到电商生态的每一个角落，为消费者和企业带来了前所未有的便利与价值。本节将详细介绍AI电商的应用场景，让用户对AI电商更加熟悉。

1.3.1 AI导购

扫码看教学视频

AI导购是为用户提供个性化购物服务的系统，它在AI电商中有着多方面的应用。AI导购利用人工智能技术为电商平台提供了个性化、智能化的购物体验，从而提高用户的满意度。以下是AI导购在AI电商中的具体应用方式。

1. 个性化商品推荐

在AI电商的广阔领域中，个性化推荐系统扮演着至关重要的角色。它通过复杂的算法和精细的数据分析，能够精准地理解每位消费者的独特需求和偏好，从而在海量商品中快速筛选出最适合的推荐项。

❶ 基于用户行为分析：AI导购系统通过收集和分析用户的浏览历史、购买记录、搜索关键词等行为数据，运用机器学习算法构建用户画像，实现精准的商品推荐。这种推荐方式能够根据不同用户的偏好和需求，提供个性化的购物建议。

❷ 实时场景推荐：当用户浏览商品或搜索特定关键词时，AI导购系统能够结合实时场景和上下文信息，为用户推荐相关或可能感兴趣的商品。这种推荐方式能够增加用户的购买意愿和满意度。

2. 智能交互

智能交互技术的引入，使得AI电商在客户服务方面迈出了重要的一步。借助自然语言处理、机器学习等先进技术，AI导购能够与用户进行高效、流畅的对话，解答他们在购物过程中遇到的各种问题。

❶ 自然语言处理：AI导购系统利用自然语言处理技术，能够理解和处理用户的自然语言输入，实现人机对话。用户可以通过语音或文字与AI导购进行交互，询问商品信息、价格、库存等，并获得即时回答。

❷ 聊天机器人：电商平台可以部署聊天机器人作为AI导购的载体，为用户提供24小时不间断的客服服务。聊天机器人能够模拟人类导购员的角色，与用户进行自然语言对话，解答疑问并提供购物建议。

3. 内容创作与分发

AI导购系统能够基于对用户行为数据的深入分析，精准定位目标用户群体，并自动化地生成和分发符合他们兴趣和需求的内容。这些个性化内容不仅能够有效传递品牌价值，还能增强用户黏性，促进品牌忠诚度的形成。

❶ AI种草：AI导购系统可以一键聚合全网跨平台优质内容，并进行自动化内容创建和分发。通过收集小红书、抖音、微博等热门平台的内容素材，创造出全新的视频或图文内容，为品牌在合适的位置投放更符合用户需求的商品介绍内容。

❷ 内容个性化：AI导购系统还可以根据用户的偏好和历史行为，生成个性化的内容推荐。这种推荐方式能够增加用户对内容的兴趣，提升参与度，从而提高商品的曝光率和转化率。

4. 虚拟试用与体验

通过模拟真实场景下的购物体验，消费者可以在不实际购买商品的情况下，对商品的外观、功能、效果等进行全面了解。这种技术不仅降低了消费者的购物风险，还为他们提供了更加便捷、灵活的购物方式，进一步推动了电商行业的发展。

❶ 虚拟试用：AI导购系统提供产品虚拟试用或体验功能，降低消费者的试错成本并增加购买信心。通过虚拟试穿、试妆等方式，消费者可以在不实际购买商品的情况下体验其效果，从而做出更准确的购买决策。

❷ 技术购物：结合AR和VR技术，AI导购系统能够为用户提供身临其境的购物感受。消费者可以在虚拟环境中浏览商品、试穿衣物或体验家居产品等，获得更加真实和直观的购物体验。

5. 数据驱动优化

在AI电商的运营过程中，通过对用户行为数据的持续收集和分析，AI导购能够不断优化推荐算法、提升交互体验等。这种持续改进的能力，使得AI电商能够更好地适应市场变化、满足用户需求，从而引领整个电商行业的变革和发展。

❶ 数据分析与反馈：AI导购系统通过收集和分析用户的行为数据和市场数据，不断优化推荐算法和交互方式。这种数据驱动的优化方式能够提升推荐效果和用户满意度，并帮助电商平台更好地了解市场需求和趋势。

❷ 商家赋能：AI导购系统还为商家提供了丰富的数据分析和运营工具。商家可以通过这些工具了解用户画像、商品表现等关键指标，从而制定更加精准的营销策略和运营计划。

综上所述，这些应用方式不仅提升了用户的购物体验和满意度，还促进了电商平台的销售和增长。

1.3.2 AI营销

扫码看教学视频

AI营销是指利用人工智能技术，通过智能化的系统和算法，实现更准确、更个性化的营销策略，以满足不同群体的需求。它涵盖了数据分析、用户画像构建、个性化推荐、智能广告投放、智能客服等多个方面，旨在提升营销效率和用户体验。接下来将详细讲解AI营销的相关知识。

1. AI营销的优势

AI营销为何能够成为众多企业的选择，其背后所蕴含的优势不容忽视。AI营销以其强大的数据分析能力和智能化决策支持，助力企业精准定位目标客户，实现个性化推荐和高效营销，从而显著提升营销效果，为企业的持续增长提供有力保障。AI营销的优势可分为5个部分，如图1-2所示。

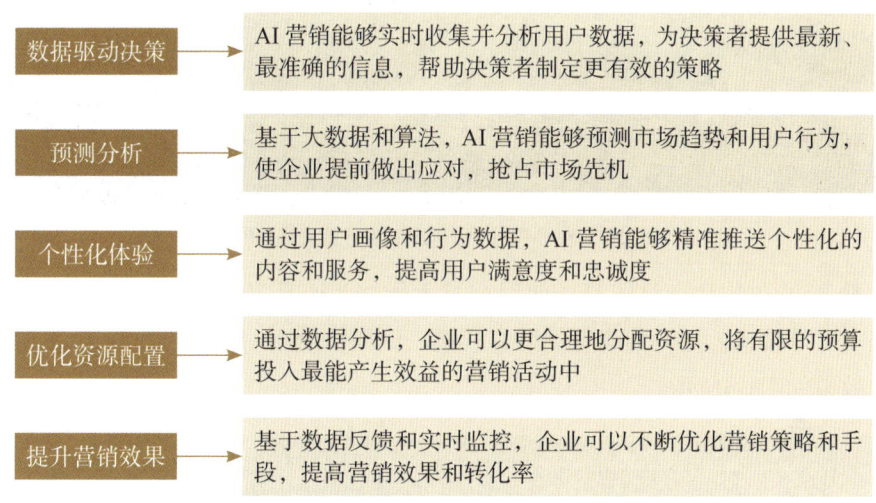

图 1-2 AI 营销的优势

2. 应用场景

AI营销的应用场景广泛，涵盖了从广告投放、社交媒体营销、客户服务到市场调研等多个环节。通过自动化和智能化的手段，AI营销能够极大地提升营销效率，改善用户体验，为企业的数字化转型注入新的活力。下面介绍几种常见的应用场景，它们展示了AI营销在不同领域的应用效果。

❶ 社交媒体营销：AI机器人能够自动化管理社交媒体账号，实时监测舆情动态，与消费者进行智能对话，提高社交媒体营销效果。

❷ 智能客服：AI机器人能够全天候在线，快速响应客户咨询和投诉，提高客户满意度。通过自然语言处理技术，理解客户意图，提供更加智能化的服务体验。

9

❸ 智能广告投放：利用AI技术能够分析用户行为和兴趣，从而智能投放广告，提高广告效果。例如，利用AI技术可以生成球鞋广告海报，效果如图1-3所示。同时，利用AI技术可以实时监测广告投放效果，人们可以据此调整投放策略，降低营销成本。

图1-3　利用 AI 技术生成的球鞋广告海报效果

❹ 智能包装和产品体验：使用AI技术能够为产品提供智能包装设计，通过增强现实等技术，提升消费者的购买意愿。例如，使用AI技术生成日用品包装设计，效果如图1-4所示。

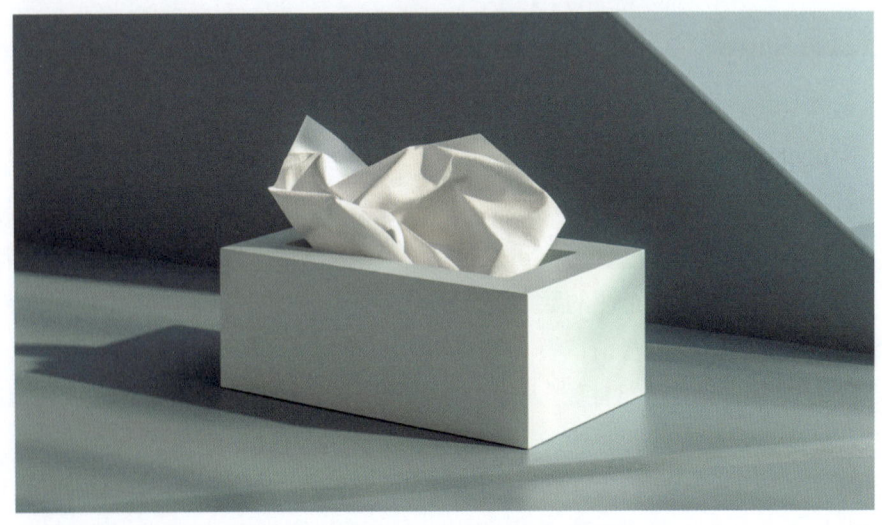

图1-4　利用 AI 技术生成的日用品包装效果

1.3.3 AI引流

扫码看教学视频

AI引流，也称为AI自动智能引流系统，是一种利用人工智能技术来提高网站流量和曝光度的网络营销工具。其工作原理主要基于对用户行为的深入理解和分析，以及对搜索引擎优化策略的运用。

1. 技术应用

AI引流技术的应用是实现精准营销和增长流量的关键所在。通过深入分析用户行为、优化网站内容和调整营销策略，AI引流技术能够显著提升营销效率和转化率。下面详细讲述这些技术是如何在实际操作中发挥作用的。

❶ 用户行为分析：AI引流系统能够实时跟踪和分析用户行为，了解用户的兴趣点和需求，从而为用户提供更加个性化的内容和服务。

❷ 内容优化：根据用户行为分析结果，系统可以自动调整网站内容，包括修改标题、描述、关键词等，以提高内容的吸引力和相关性。

❸ 营销策略优化：AI引流系统还可以根据用户反馈和市场变化，实时调整营销策略，如调整广告投放、优化推广渠道等，以提高营销效果和转化率。

2. 应用场景

AI引流技术的应用场景广泛，不同行业和企业可以根据自身的特点和需求，灵活运用AI引流技术来实现业务增长和市场竞争力的提升。以下是一些典型的应用场景，它们展示了AI引流在不同领域的实际应用效果。

❶ 智能选品：将AI技术应用于电商平台的前端，可以帮助商家洞察用户需求，通过对海量用户数据的筛选、对比和分析，从而找到"爆款"和差异化定位。

❷ 智能营销：在电商直播、短视频带货时代，AI技术可以协调种草、直播及短视频平台，进行全域流量的打通，获得高关注度与增长的可能性。

❸ 社交媒体：在社交媒体平台上，可以通过AI引流分析用户互动数据，优化内容推荐和广告投放策略，提高用户黏性和活跃度。

3. 优势与挑战

AI引流作为一种创新的营销手段，无疑具有诸多优势，如精准度高、效率高、成本低等。然而，任何新技术在带来便利的同时，也伴随着一定的挑战。在享受AI引流带来的好处时，我们也需要正视并解决其面临的挑战，以确保其能够持续发挥最大效用。

❶ 精准度高：AI引流能够精准识别用户需求和兴趣点，提高营销的针对性和有效性。

❷ 效率高，成本低：自动化处理大量数据和分析任务，提高营销效率和响应速度。相比传统营销方式，AI引流可以降低人力成本和广告成本。

❸ 数据隐私保护：在收集和分析用户数据时，需要严格遵守相关法律法规，保护用户隐私。

❹ 技术门槛高：AI引流需要具备一定的技术实力和人才储备，对中小企业来说可能存在一定的技术门槛。

❺ 市场变化快：市场环境和用户需求不断变化，AI引流系统需要不断迭代和优化以适应市场变化。

1.3.4　AI文案

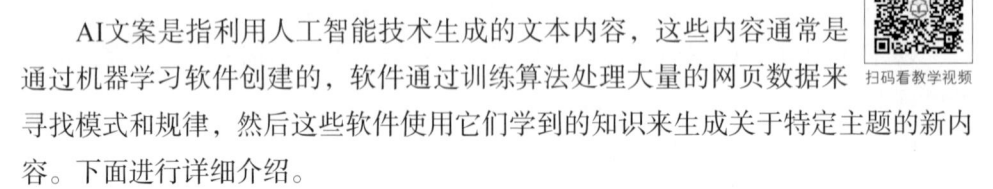

AI文案是指利用人工智能技术生成的文本内容，这些内容通常是通过机器学习软件创建的，软件通过训练算法处理大量的网页数据来寻找模式和规律，然后这些软件使用它们学到的知识来生成关于特定主题的新内容。下面进行详细介绍。

1. 特点和优势

AI有着精准的数据分析能力、高效的内容生成速度及不断进化的创意潜力，它不仅能够迅速捕捉受众需求，还能在保持语言自然流畅的同时，融入个性化元素，让每一条文案都更具针对性和吸引力。下面介绍AI生成文案的特点与优势。

❶ 极速灵活：AI可以瞬间生成海量文章，轻松应对传统写作模式下的诸多挑战，极大地提高了工作效率。

❷ 多元丰富：AI能够依据多元化主题与需求，提供各式各样风格和形式的文章，以满足用户的多样化阅读需求。

❸ 创新引领：AI文案具备创新性，能够给予受众全新的思维启示。例如，在广告营销领域，AI可以根据产品特性与受众需求，创作富有吸引力的广告词及推广口号。

❹ 高效个性化：AI结合了机器学习和自然语言处理技术，通过对海量文本数据的学习与分析，能够生成符合特定需求的文案内容，提供个性化的创作体验。

2. 生成原理

AI文案的生成主要依托海量语料库和深度学习模式。这些技术使得AI能够模仿人的文字书写及表述方式，使生成的文章具有一定的逻辑性和可读性。通过自然语言处理技术，AI能够掌握文案写作的语法、逻辑和修辞等要素，确保生成的文案具备连贯性和生动性。

3. 应用领域

随着人工智能技术的不断进步，AI文案已经成为一种重要的创作工具。AI电商文案分为主图文案、详情页文案、品牌文案、销售文案等多种类型，下面进行详细的介绍。

❶ 主图文案：在电商领域中，主图文案是指在产品展示页面上显示的主图旁边的文字描述。主图文案通常用于吸引用户的注意力并传达产品的关键信息，它的目的是吸引潜在买家，并概述产品的特点、功能或优势，从而促使他们进一步了解并购买该产品。使用ChatGPT可以快速生成主图文案，具体的示例如下。

RI 提问

撰写修护型洗发水的电商主图文案，要求语言精简、突出产品亮点。

ChatGPT

电商主图文案：
・深层修护，重焕秀发光泽。
专为受损发质设计，深入发根修护，帮助恢复秀发自然光泽，焕发健康活力。
・滋养修护，远离干枯分叉。
特含滋养成分，迅速渗透发丝，改善干枯、分叉问题，让秀发恢复柔顺与弹性。
・重塑秀发健康，柔顺丝滑。
科学配方，针对发质问题，修护受损发丝，使每一缕秀发都光滑柔顺，易于打理。
・强韧发丝，锁住水分滋养。
含有高效保湿成分，深层锁住水分，提升发丝强韧度，抵御外界伤害，保持头发健康强韧。
・天然成分，温和不刺激。
采用温和配方，融合多种天然植物精华，无硅油、无刺激，适合各种发质，尤其适用于敏感头皮。
・修护精华，恢复秀发韧性。
特别添加修护精华，赋予秀发韧性和弹性，让秀发看起来更加浓密丰盈，充满活力。
这些文案旨在突出洗发水的修护功效及对秀发的呵护作用，吸引消费者的关注。

❷ 详情页文案：详情页文案是电商领域用于描述产品详细特征的文字内容，包括产品的具体功能、设计特点、规格包装、使用说明、注意事项等元素，

能够以文字的形式全面地介绍产品。详情页文案能够运用吸引人的语言激发顾客兴趣，并通过逻辑清晰、数据支持的方式增强说服力，促进购买决策的形成。运用ChatGPT可以快速生成详情页文案，具体的示例如下。

 提问

提供《AI绘画一本通》这本书的详情页文案。

 ChatGPT

> 封面标题：
> 《AI绘画一本通：从入门到精通的实战宝典》
> 副标题：
> 解锁AI绘画的无限创意，365个实战案例带你成为AI艺术大师
> 作者：
> 联合发起人及多位AI绘画师团
> 出版时间：
> 2024年×月
> 产品亮点：
> ·AI绘画案例库：本书汇集了100多位AI绘画师的智慧与经验，历时100多天精心打磨，共包含365个实战案例。无论你是初学者还是专业人士，都能在这里找到灵感与提升之道。
> ·由浅入深的实战教程：从基础入门到高级技巧，每个案例都配备了详细的分步教程，包括效果图展示、详细步骤解析及成品图展示。让你在实操中逐步掌握AI绘画的精髓。
> ·多维度学习体验：书中不仅包含基础的AI绘画工具（如Midjourney和Stable Diffusion）的使用方法，还涵盖了AI绘画原理、实操技巧、工具介绍及变现路径。更有提示词地图、课程资料、社群指导等全方位学习资源，助你快速进步。
> ·跨行业应用方案：提供20多种行业落地解决方案，无论你是设计师还是创业者，都能找到适合自己的学习路径。通过AI绘画轻松搞定海报设计、证件照制作等日常需求。
> ·持续更新与社群支持：AI世界日新月异，本书承诺将持续更新教程内容，确保你始终掌握最前沿的AI绘画技术。同时，加入我们的社群，可以享受3天陪跑指导及长期的学习交流机会。

❸ 品牌文案：品牌文案是一种借宣传企业的品牌来促进商品销售的电商文案。这类文案主要是以宣传品牌为主，让受众了解并认可品牌，从而主动购买品牌下所属的产品或服务。运用ChatGPT可以快速生成品牌文案，具体的示例如下。

【AI导购】
第1章 AI电商应用：智能科技驱动，打造全新消费体验

🅡 提问

为一款美妆产品生成一段品牌文案进行推广，要求语言简洁、有吸引力。

✦ ChatGPT

为推广您的美妆品牌，我为您设计了一段简洁且有吸引力的品牌文案。

焕新之美，从此刻开始

探索属于你的自然之美，每一款精心打造的产品，都是为你独特的肌肤所设计的。无论是清晨焕发光彩，还是夜晚温柔呵护，我们的产品都能让你每时每刻焕发动人光彩。

让肌肤感受纯净与奢华，释放内心的自信与美丽。因为你，值得拥有最好的。

这段文案强调了产品的定制化和对用户的关爱，激发了消费者对自然之美和奢华护理的向往，同时通过简洁的语言传达了品牌的核心价值。

❹ 销售文案：销售文案是一种用于促销和推销产品、服务的文字内容。它旨在吸引潜在客户的兴趣，建立与客户的连接，并最终促使他们做出购买决策。销售文案通常在广告、销售页面、产品描述、宣传资料、推广邮件和社交媒体帖子等营销材料中使用。运用ChatGPT可以快速生成销售文案，具体示例如下。

🅡 提问

生成宣传暖水壶的销售文案。

✦ ChatGPT

为宣传一款暖水壶的销售，我为您设计了以下文案。

温暖每一刻，守护你的四季

这个冬天，不再被寒冷困扰。我们的暖水壶以卓越的保温技术，带给你持续的温暖和关怀。无论是在家中享受一杯热茶，还是在办公室补充能量，这款暖水壶都能随时为你提供温暖的陪伴。

一键操作，智能恒温，不锈钢内胆保证健康无异味，持久保温锁住温暖，简约设计与实用性能完美融合。

让你的生活时刻保持温暖，为你守护每一个温暖瞬间。

这段文案突出了暖水壶的功能性、实用性和设计感，同时通过温暖与关怀的主题传达了产品给用户带来的舒适体验。

4. 与传统文案的区别

虽然AI文案在效率和个性化方面有着显著的优势，但它并不能完全替代传统

文案写手。传统文案写手凭借独特的观察力、丰富的人生经验和创造力，能够创作出富有个性和产生情感共鸣的文案。这些文案往往更加贴近用户需求，更具人情味。因此，在实际应用中，人工智能与人类文案写手合作可能是更具潜力的方向。传统文案写手可以充分发挥创造力，而AI文案则能助力写手提高效率与创作灵感，使得文案创作更加高效且具有创意性。

综上所述，AI文案作为一种新兴的创作工具，正在逐渐改变内容创作的格局。它的出现不仅提高了人们的工作效率和个性化程度，还为用户带来了更加丰富的阅读体验。然而，我们也需要认识到AI文案的局限性，并充分发挥人工智能与人类合作的优势，共同推动文案创作领域的发展。

1.3.5 AI设计

AI设计指的是利用人工智能技术来辅助设计的过程。在这一过程中，设计师可以借助算法和数据模型，将他们的创意转化为具有实用性和可行性的设计方案。AI设计的应用范围非常广泛，包括但不限于以下几个方面。

❶ 工业设计：工业设计是一种专注于制造工业产品的设计和艺术，它结合了观赏性和实用性，目的是设计出满足用户需求和期望的产品。AI可以通过模拟和优化设计过程，帮助设计师快速生成多种设计方案，从而降低开发成本和提高效率。例如，利用AI技术制作台灯的产品设计图，效果如图1-5所示。

图1-5 利用AI技术生成的台灯产品设计图

❷ 建筑设计：建筑设计是指创建建筑物和结构的过程，它融合了艺术、科

学和技术，以创造出既实用又美观的空间。AI可以利用大数据和机器学习技术，对建筑物的结构、能源效率、安全性等方面进行预测和优化，提高建筑设计的品质。利用AI技术可以快速进行建筑设计，效果如图1-6所示。

图 1-6　利用 AI 技术生成的建筑设计图

❸ 服装设计：AI可以通过对大量时尚趋势进行分析，为设计师提供灵感，并帮助他们快速生成多种设计方案，效果如图1-7所示。

图 1-7　利用 AI 技术生成的服装设计图

❹ LOGO设计：LOGO（标志）是一个特定品牌、组织、产品或服务的图形化符号或标志，它一般具有简洁而独特的设计，通常由特定的图形或字母构成。

通过AI技术可以快速生成LOGO设计，效果如图1-8所示。

图 1-8　利用 AI 技术生成的 LOGO 设计图

❺ 影视制作：利用AI技术可以自动生成场景、角色和特效等元素，帮助影视制作人员快速完成前期制作和后期渲染工作，效果如图1-9所示。

图 1-9　利用 AI 技术生成的场景设计图

1.3.6　AI视频制作

AI视频制作是指利用人工智能技术来辅助或完成视频制作的过程。这一技术通过自动化和智能化的手段，大大提高了视频制作的效

扫码看教学视频

率和创意性。具体来说，AI视频制作可以涵盖以下几个方面。

1. 技术原理

AI视频制作主要依赖计算机视觉、深度学习、自然语言处理及大数据分析等先进技术。这些技术的综合应用，使得AI能够自动完成视频的生成、编辑和优化等各个环节。以下是AI视频制作技术原理的详细解析。

❶ 视频生成：利用计算机视觉技术，AI能够识别图像中的对象、场景和动作，并基于这些信息进行视频合成。例如，在即梦平台上，利用AI技术可以通过智能分析图像，自动识别出图像中的元素，生成最终的视频作品，效果如图1-10所示。

图 1-10 通过即梦 AI 技术生成的视频效果

★ 专家提醒 ★

AI通过深度学习和自然语言处理技术，能够理解并分析给定的文本内容，如故事脚本或小说推文等，然后根据内容特点生成相应的视频素材，包括动漫、实拍视频等多种形式，以满足不同观众的需求。

❷ 视频编辑：AI可以根据用户设定的要求或视频内容的情感色彩，自动选择最佳的剪辑方式，包括抽取关键帧、剪辑视频片段、调整视频速度、镜头切换及添加转场效果等。传统上需要专业知识和技能的视频剪辑工作，现在可以通过AI技术快速完成。AI能够自动识别视频中的对象、场景和动作，并实时添加相应的特效。这些特效包括动态贴纸、滤镜、动画等，能够提升视频的观赏性和趣味性。

❸ 视频优化：通过深度神经网络技术，AI可以对视频的画质进行优化，包

括去除噪点、减少抖动、调整曝光等，使得视频画面更加清晰、稳定。AI还可以根据摄像机的测试数据和视频内容的实际情况，自动调整视频的颜色设置，确保每个场景的颜色都准确无误。

综上所述，AI视频制作是一个复杂而综合的过程，它涉及多个领域的先进技术。这些技术的综合应用使得AI能够自动完成视频的生成、编辑和优化等各个环节，为视频创作者和观众带来更加便捷和丰富的体验。

2. 发展背景

近年来，深度学习、计算机视觉、自然语言处理等AI技术取得了显著进步。这些技术为AI视频的制作提供了强大的技术支持，各种不同AI模型的出现，标志着AI技术在内容创作领域的快速升级。这些技术为AI视频的创意生成和开发提供了智能化建议，优化了视频文本和图像内容。

AI视频的发展背景可以从多个方面进行详细分析，包括技术进步、市场需求和行业趋势等。

❶ 从技术进步的角度来看，人工智能技术的快速发展为视频创作提供了强大的支持。AI大模型推动了视频行业的变革，使得新人更容易进入视频创作领域，创作速度更快。例如，AI技术可以自动识别视频素材中的人物、场景、物体等要素，这大大提高了编辑效率。

❷ 从市场需求的角度来看，视频用户规模迅速增长，庞大的用户基础为AI视频的发展提供了广阔的市场空间。同时，随着5G技术的普及和超高清视频的出现，用户对高质量视频内容的需求也在不断增加。

❸ 从行业趋势的角度来看，AI视频正在成为一种新的创业机会和竞争焦点。许多公司都在积极开发和应用AI技术来提升视频的创作质量和传播效率。这些创新不仅降低了视频制作成本，还提高了创作的效率和质量。

此外，AI视频的应用领域也在不断扩展，包括电影制作、广告、新闻报道、社交媒体等多个领域。AI技术在视频内容智能生成、自动标注、内容分析、剪辑编辑等方面的应用，进一步推动了视频行业的发展。

总之，AI视频的发展背景是多方面的，既有技术进步带来的巨大潜力，又有市场需求的强劲驱动，还有行业趋势的不断演变。这些因素共同作用，推动了AI视频行业的快速发展和广泛应用。

3. 应用领域

AI视频制作作为新兴的技术方向，其应用领域广泛且多样，为多个行业带来了创新和变革。通过AI技术能够自动生成个性化广告视频，提高广告效果，不仅提高了视频制作的效率和质量，还拓宽了视频内容，为用户带来了更加丰富和个性化的视觉体验。以下是AI视频的主要应用领域。

❶ 内容分析与推荐：AI通过深度学习和自然语言处理技术对视频内容进行理解和标注，识别视频的主题、情感色彩、人物、物体等要素，为后续的推荐和分发提供基础。基于用户的行为数据、兴趣偏好及实时互动信息，AI可以构建智能推荐系统，实现个性化内容推送，提高用户黏性和活跃度。

❷ 内容创作与编辑：AI视频技术可以自动分析和剪辑用户提供的素材，如图片、音频等，快速生成高质量的视频内容。通过机器学习算法，AI能够智能选择合适的音乐、滤镜和特效，实现高效的视频创作和编辑，相关的案例效果如图1-11所示。AI还能协助用户进行创意剪辑，如自动生成精彩瞬间集锦、匹配合适的背景音乐、添加过渡特效等，提升视频内容的吸引力和观赏性。

图 1-11　利用 AI 自动添加滤镜和特效的视频效果

❸ 营销与广告：AI能够精准定位目标受众，智能化投放广告，通过预测模型优化广告的点击率和转化效果，提升营销效果。AI还可以根据提示词或剧本概念生成视频故事线或剧本摘要，为营销创作者提供灵感和创意支持。

❹ 教育与培训：AI视频技术可以将复杂的知识点以生动、直观的方式呈现出来，帮助学生更好地理解和掌握知识。通过模拟和演示，AI视频可以辅助技能培训，提高学习者的技能水平和操作能力。

❺ 娱乐与社交：AI可以生成各种娱乐性质的视频内容，如动画、游戏解说、音乐MV等，丰富用户的娱乐生活。结合增强现实技术，AI视频可以实现与

用户的实时互动，提升用户的参与感和体验。

❻ 视频安全与版权保护：AI可以自动筛查违规内容，提升平台的内容安全管理效率。AI视频模型还可以用于检测视频中的版权侵权行为，快速比对海量数据库，确保内容合法。

综上所述，AI视频在内容创作与编辑、内容分析与推荐、营销与广告、教育与培训、娱乐与社交，以及视频安全与版权保护等多个领域都发挥着重要作用，为相关行业带来了创新和变革。随着人工智能技术的不断进步，AI视频的应用领域还将继续拓展和深化。

1.3.7 AI数据分析

AI数据分析，即人工智能数据分析，是指利用人工智能技术和算法对大量、复杂的数据进行深度挖掘、处理、分析和解释的过程。这一过程旨在发现数据中的隐藏模式、趋势、关联性和异常值，从而为决策者提供有价值的洞察和预测。

1. 数据分析的关键点

数据分析对现代组织和企业来说至关重要，通过高效和精准的数据分析，组织可以从大量信息中获得洞察，以支持决策、提高效率、优化操作并增强竞争力。下面是数据分析重要性的几个关键点。

❶ 决策支持：数据分析提供了基于事实的数据支持，帮助企业在复杂的环境中做出更加精确的决策。通过分析历史数据，企业可以预测市场趋势、用户行为，并据此制定策略。

❷ 效率提升：通过自动化的数据分析工具，企业可以快速处理大量数据，识别和解决业务流程中的瓶颈，从而提高工作效率和生产效率。

❸ 成本控制：数据分析有助于企业识别不必要的开支和资源浪费环节，通过优化这些方面帮助企业减少成本和提高回报。

❹ 客户洞察：数据分析能帮助企业更好地理解客户需求和行为模式，通过这些洞察，企业可以设计更符合市场需求的产品和服务，提高客户满意度和忠诚度。

❺ 风险管理：通过数据分析，企业可以更好地评估和管理风险。例如，在金融领域，数据分析有助于识别和预防欺诈行为；在生产领域，企业可以通过数据分析预测设备故障，实现预防性维护。

❻ 创新促进：数据分析还可以帮助企业探索新的商业模式和产品创新机

会。通过分析消费者的行为和市场趋势，企业可以发现未被满足的需求，从而推出创新的产品或服务。

❼ 增强透明度：在公共部门和非营利性组织中，数据分析可以提高运作的透明度，帮助这些机构有效监控和报告他们的表现，提高公众信任。

数据分析是现代企业管理的核心部分，其影响范围广泛，包括提高业务效率、增强客户体验、驱动创新和维持竞争优势等方面。随着数据技术的不断进步和数据量的爆炸性增长，数据分析的作用在未来将更加突出。

2. 怎样进行AI数据分析

利用AI技术进行数据分析是一个融合了自动化、智能化处理数据的过程，旨在从大量、复杂的数据中提取有价值的信息和洞察。以下是这一过程的大致流程和关键步骤。

❶ 明确分析目标与问题：首先，需要清晰地定义数据分析的目标和要解决的具体问题，这有助于确定所需的数据类型、范围，以及后续的分析策略。

❷ 数据收集与整合：根据分析目标，从各种数据源（如数据库、社交媒体、传感器等）收集相关数据，并进行整合。这一过程可能涉及数据抽取、转换和加载等操作，以确保数据的格式统一、质量可靠。

❸ 数据预处理：对收集到的数据进行预处理，包括数据清洗（如去除重复项、处理缺失值、纠正错误数据等）、数据转换（如标准化、归一化等）和数据降维（如特征选择、主成分分析等），以提高数据质量，并为后续分析做好准备。

❹ 特征工程：在AI数据分析中，特征工程是至关重要的一步。它涉及从原始数据中提取、选择和转换出对分析目标有贡献的特征。良好的特征工程能够显著提高模型的性能。

❺ 选择与训练AI模型：根据分析目标和数据特点，选择合适的AI模型，如机器学习算法或深度学习模型。使用训练数据集对模型进行训练，通过调整模型参数来优化其性能。

❻ 结果可视化与解释：将分析结果以图表、图形等形式进行可视化展示，以便更直观地理解数据中的模式和趋势。同时，对分析结果进行解释和阐述，使非技术背景的决策者也能理解其含义和价值。

第 2 章　AI 智能导购：AI 助力商品销售，提升转化效果

　　AI智能导购是一种通过集成人工智能技术的导购系统，它能够自动分析消费者的行为、偏好及历史数据，为顾客提供一系列个性化服务，从而优化购物体验，提升商品曝光率与转化率。本章将详细讲解AI智能导购的相关知识，帮助大家快速了解AI智能导购。

2.1 认识 AI 导购系统

在科技飞速发展的今天，人工智能已经渗透到人们生活的方方面面。购物作为日常生活中不可或缺的一部分，也迎来了智能化的变革。本节将详细介绍AI导购系统的相关知识，帮助大家快速了解人工智能的相关知识。

2.1.1 什么是AI导购

扫码看教学视频

AI导购是一种运用先进的人工智能技术和大数据分析手段，为消费者提供个性化、智能化的购物指导和建议的新型导购方式。它不仅是一个简单的推荐系统，还是一个能够深度学习和分析消费者的购物行为、偏好等多维度数据的智能平台。

AI导购的核心在于其智能化和个性化。通过机器学习、深度学习等算法，AI导购能够不断学习和优化推荐策略，以更准确地满足消费者的个性化需求。它不仅仅关注消费者的购买历史，还会考虑消费者的浏览行为、搜索关键词、点击率、转化率等多种数据，从而构建出更加精准的消费者画像。

基于消费者画像，AI导购能够为每个消费者提供独一无二的商品推荐和购物建议。这些推荐和建议不仅仅基于商品的热门程度或销量，更基于消费者的真实需求和偏好。这样消费者就能够在海量的商品中找到最适合自己的产品，提高购物满意度和效率。

此外，AI导购还具有实时性和动态性。它能够实时跟踪市场动态和消费者行为的变化，及时调整推荐策略，确保推荐的商品始终与消费者的最新需求保持同步。这种实时性和动态性使得AI导购在快节奏的电商环境中具有更强的竞争力和适应性。

综上所述，AI导购是一种集智能化、个性化、实时性和动态性于一体的新型导购方式。它通过深度学习和分析消费者数据，为消费者提供精准的商品推荐和购物建议，旨在提升消费者的购物体验和满意度。

2.1.2 AI导购的发展历程

扫码看教学视频

AI导购的发展历程可以细化为以下几个关键阶段，这些阶段反映了技术的不断进步和应用场景的持续拓展。

1. 萌芽与初探阶段

在电子商务初步兴起的时期，消费者开始感受到商品选择的多样性带来的困扰。为了应对这一挑战，基于简单规则的推荐系统应运而生，这标志着AI导购的萌芽。早期的这些尝试虽然简单，却为后续的AI导购技术奠定了坚实的基础，预示着个性化购物体验新时代的到来。

❶ 时间背景：电子商务初步兴起的时期，消费者开始面对大量商品的选择，传统的导购方式难以满足日益增长的个性化需求。

❷ 技术特点：此时，AI导购的概念尚未形成，但基于简单规则的推荐系统开始出现，如根据商品销量、评价等数据进行排序和推荐。这些系统虽然简单，但为后续的AI导购系统奠定了基础。

❸ 应用场景：主要应用于在线电商平台，帮助消费者在海量商品中快速找到热门或高评价的商品。

2. 快速发展与普及阶段

随着大数据和人工智能技术的迅猛发展，AI导购技术迎来了快速发展与普及的黄金时期。机器学习、深度学习等技术的成熟，使得AI导购能够更深入地理解和分析消费者的行为，实现更为精准的个性化推荐。同时，这些技术的普及也推动了AI导购在各类电商平台和零售店铺中的广泛应用，为消费者带来了前所未有的购物体验。

❶ 时间背景：随着大数据和人工智能技术的快速发展，尤其是机器学习、深度学习等技术的成熟，AI导购技术得到了显著提升。

❷ 技术特点：AI导购开始运用复杂的算法模型，深度分析消费者的购物行为、偏好等数据，实现个性化商品推荐。AI导购技术不再局限于单一平台，而是实现了跨平台的数据整合和推荐服务。系统能够实时跟踪消费者的行为和市场动态，及时调整推荐策略。

❸ 应用场景：开始尝试引入AI导购技术，如智能试衣镜、虚拟导购助手等，为用户提供沉浸式的购物体验，提升用户体验和销售转化率。

3. 融合与创新阶段

近年来，AR、VR、物联网等前沿技术的兴起，为AI导购注入了新的活力。这些技术与AI导购的深度融合，不仅丰富了AI导购的应用场景，还带来了更加沉浸和智能化的购物体验。AI导购不再是单一的推荐工具，而是成为连接消费者、商品和购物场景的桥梁，为消费者提供了全方位、多维度的购物服务。

❶ 技术特点：通过AR/VR技术，消费者可以在虚拟环境中试用商品，获得接近真实的购物体验。AI导购系统能够通过自然语言处理、语音识别等技术，与消费者进行更加自然、流畅的交互。部分先进的AI导购系统还能够分析消费者的

情感反馈，进一步优化推荐策略。

❷ 应用场景：AI导购技术融入智能家居系统，根据家庭成员的购物习惯和需求进行智能推荐。在社交媒体平台上，AI导购可以根据用户的社交行为和兴趣偏好进行商品推荐。在线上线下融合的新零售场景中，AI导购通过数据分析优化库存管理和供应链效率，提升整体运营效率。

2.1.3 AI导购的应用场景和优势

AI导购不仅代表了技术进步的成果，更是商业模式创新的重要推动力。接下来将深入探讨AI导购在不同场景下的具体应用，以及它所带来的独特优势，以便更全面地理解这一领域的发展现状和未来的趋势。

AI导购的应用场景广泛，涵盖了线上线下多个领域，为消费者提供了全方位、个性化的购物体验，具体包括以下应用场景。

1. 在线电商平台

随着电商行业的蓬勃发展，消费者对购物体验的要求越来越高。AI导购技术正是顺应这一趋势而生的，为在线电商平台带来了革命性的变化。通过深度学习和大数据分析，AI导购能够精准捕捉消费者的购物意图和偏好，为他们提供个性化的商品推荐和购物指导，从而大大提升了消费者的购物体验和满意度。

❶ 个性化推荐：根据消费者的历史行为、偏好等数据，为其推荐更加符合需求的商品，提高购物体验和转化率，如图2-1所示。

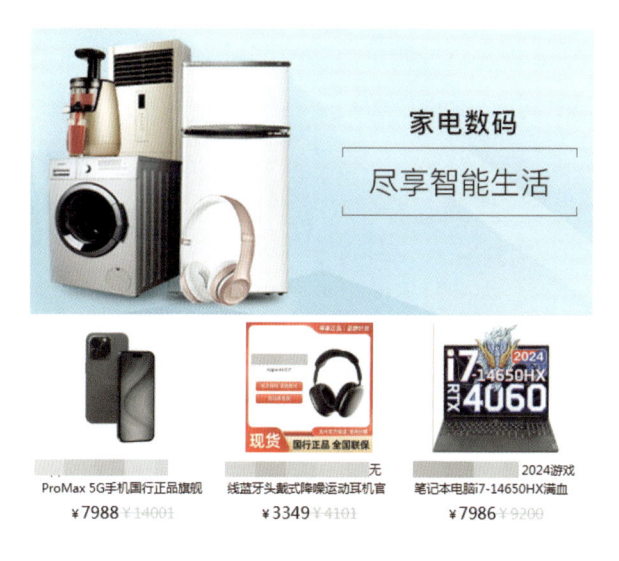

图 2-1　电商平台推荐的数码产品

❷ 智能问答：利用自然语言处理技术，解答消费者在购物过程中的各种问题，提供详细的产品信息和购物指南。

❸ 虚拟试穿/试用：结合AR/VR技术，让消费者可以在线虚拟试穿衣物、试用化妆品等，提升购物体验。

2. 线下零售店铺

线下零售店铺虽然拥有实物展示和即时体验的优势，但在面对海量商品和复杂的顾客需求时，传统的导购方式往往显得力不从心。AI导购技术的引入，为线下零售店铺带来了新的生机。它不仅能够为消费者提供智能导航、商品查询等便捷服务，还能帮助店铺管理者分析顾客行为数据，优化商品布局和促销策略，提升店铺的运营效率。

❶ 智能导购助手：通过智能设备或App，为消费者提供导航、商品查询、优惠信息推送等服务，增强线下购物体验。

❷ 数据分析与决策支持：帮助店铺管理者分析顾客行为数据，优化商品布局、促销策略等，提升经营效率。

3. 智能客服

在电商和零售行业中，客服是连接商家与消费者的重要桥梁。然而，传统的人工客服在面对大量咨询时往往难以应对。AI导购技术以其高效、智能的特点，成为智能客服领域的佼佼者。它能够24小时不间断地为消费者提供咨询服务，解答购物过程中的各种问题。同时，通过情绪识别等高级功能，AI导购还能提供更加贴心、个性化的服务体验。

❶ 24小时在线服务：AI导购可以随时随地为消费者提供服务，解决消费者在购物过程中遇到的问题，如图2-2所示。

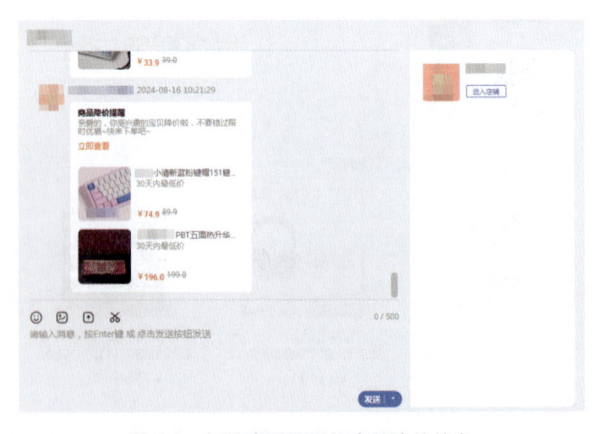

图 2-2　智能客服发送的产品降价信息

❷ 情绪识别与安抚：部分先进的AI导购系统还能识别消费者的情绪状态，提供具有针对性的安抚和建议。

4. 社交电商

近年来，社交电商以其独特的模式和优势迅速崛起。AI导购技术在社交电商领域的应用，更是为其发展注入了新的动力。通过结合社交媒体的社交关系链和AI导购的个性化推荐能力，社交电商能够为消费者提供更加精准、有趣的商品推荐和购物体验。同时，AI导购还能生成个性化的内容营销素材，如商品评测、穿搭建议等，进一步吸引消费者关注和购买。

❶ 内容营销：利用AI生成个性化内容，如商品评测、穿搭建议等，吸引用户关注和购买。

❷ 社交推荐：结合App或社交媒体的社交关系链，为用户推荐好友购买或关注的商品，如图2-3所示。

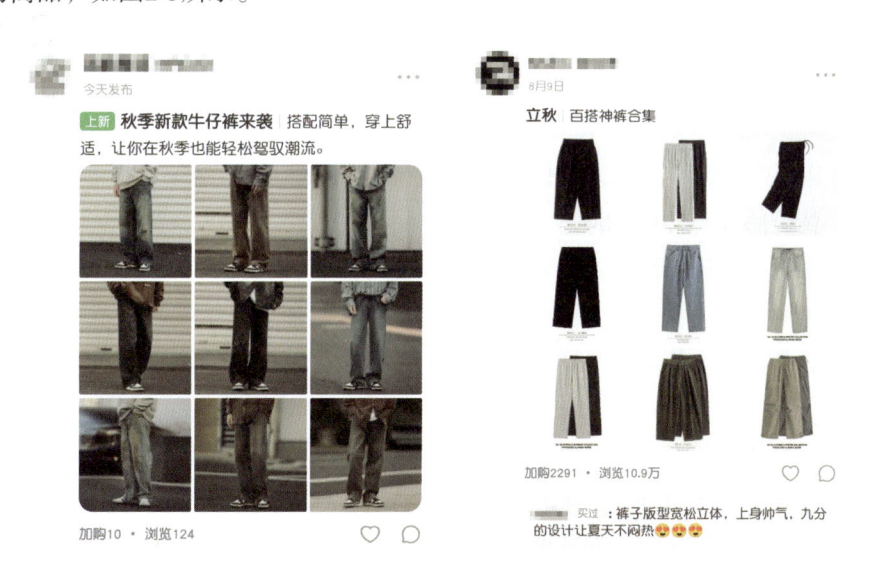

图 2-3　商家在社交圈中发布的商品推荐

在深入探讨AI导购广泛的应用场景之后，不难发现，这些场景之所以能够得以实现并持续拓展，离不开AI导购所具备的一系列显著优势。这些优势不仅体现在技术层面上的创新与突破，更在于它们深刻地改变了消费者的购物体验，以及为商家带来了前所未有的商业价值。

接下来将详细阐述AI导购的几大优势，揭示其是如何成为推动零售业数字化转型的重要力量的。AI导购相比传统导购方式具有显著优势，主要包括以下几个方面。

❶ 提高效率：AI导购能够自动处理大量数据，快速为消费者提供推荐结果，节省用户的时间和精力。同时，对商家而言，AI导购也能够提高运营效率，降低人力成本。

❷ 提升体验：通过智能问答、虚拟试穿/试用等功能，AI导购为消费者提供了更加丰富和便捷的购物体验。这种沉浸式、互动式的购物方式有助于增加消费者的购物乐趣，提高其忠诚度。

❸ 促进销售：AI导购通过精准推荐和个性化服务，有助于商家更好地了解消费者需求，制定更有效的营销策略，从而提高销售额和市场份额。

❹ 数据驱动决策：AI导购系统能够收集和分析大量消费者的行为数据，为商家提供数据支持，帮助其优化商品布局等决策过程，实现精准营销和精细化运营。

2.1.4　AI导购未来的趋势

随着技术的不断演进和社会经济环境的深刻变化，AI导购作为零售业的重要创新力量，其未来的发展无疑将充满新的机遇与挑战。接下来将从几个关键维度出发，探讨AI导购在未来可能展现出的新面貌。

1. 情境感知与即时响应

未来的AI导购将更加注重情境感知能力，即能够实时捕捉并理解消费者所处的购物环境、时间、心情等因素，从而提供更加贴合当前情境的推荐和服务。例如，在消费者即将参加重要场合时，AI导购能根据其历史偏好和当前情境，快速推荐适合的服装搭配，并提供紧急配送服务。

2. 社交化购物与社区构建

随着社交媒体的普及，未来的AI导购将更多地融入社交元素，构建基于共同兴趣和购物偏好的社区。在这些社区中，AI导购不仅提供商品推荐，还促进消费者之间的交流与分享，形成口碑传播和集体购买的力量。同时，AI导购还能通过分析社区内的互动数据，进一步优化推荐算法，实现更加精准的社群营销。

3. 智能预测与预防性服务

未来的AI导购将具备更强的预测能力，能够基于消费者的历史行为和当前趋势，预测其未来的购物需求和偏好。这种预测能力将使得AI导购能够提供预防性服务，如提前通知消费者即将售罄的商品、推荐即将上市的新品等。此外，AI导购还能根据消费者的购物习惯和健康状况，提供个性化的健康管理和生活建议，进一步拓展其服务范围和价值。

4. 跨平台整合与无缝体验

随着多平台购物的普及，未来的AI导购将更加注重跨平台整合能力，实现线上线下、不同电商平台之间的无缝衔接。消费者可以在任何时间、任何地点享受到一致且连贯的购物体验。AI导购将作为连接各个购物场景的桥梁，为消费者提供统一的账户管理、购物车同步、订单追踪等服务，简化购物流程，提升购物效率。

5. 持续学习与自我优化

未来的AI导购将是一个不断学习和自我优化的系统。通过持续收集和分析消费者的反馈和行为数据，AI导购能够不断优化其推荐算法和服务流程，提高准确性和效率。同时，随着新技术的不断涌现和应用，AI导购还将不断引入新的功能和服务，保持其竞争力和创新性。这种持续学习和自我优化的能力将使得AI导购能够紧跟时代步伐，满足消费者不断变化的需求和期望。

2.2 AI 导购在电商各阶段的作用和应用

在深入探讨电商领域的创新与发展时，不可忽视的是AI导购技术如何悄然而深刻地影响着消费者的购物旅程。从最初的需求触发，到信息检索的便捷性，再到购买决策的辅助，乃至购买行为后的附加服务，AI导购以其智能化、个性化的特点，在每一个阶段都发挥着不可或缺的作用。

接下来将逐一剖析AI导购在电商各阶段的具体应用与成效，展现其如何优化消费者的购物体验，促进电商行业的繁荣与发展。

2.2.1 需求触发阶段：AI种草

在需求触发阶段，AI种草的核心在于激发用户的潜在消费需求，尤其是在用户未明确表达购买意图时，借助AI技术的精准推送引发购物欲望。这一阶段的AI应用集中在数据分析与内容生成上，通过对用户个性化行为的深度洞察，AI可以自动生成具备吸引力的内容来影响用户的消费决策。

首先，AI通过大数据技术收集并分析用户的行为数据、浏览记录、消费习惯及社交互动等信息，建立用户画像。这些数据帮助AI精准预测用户可能感兴趣的产品或服务。例如，AI可以根据用户近期浏览的网页内容、在社交媒体上的互动频率、兴趣爱好等，推荐相关的商品。这种个性化推荐不仅可以提高商品曝光率，还可以通过提供与用户生活方式、兴趣吻合的产品建议来增强用户的购买欲望。

其次，AI在种草过程中发挥了内容生成的重要作用。通过自然语言处理技术，AI可以生成引人入胜的产品介绍或评论。这些内容以用户易于接受的形式呈现，如个性化推送的软文、自动生成的社交媒体帖子或虚拟主播的视频解说。例如，AI可以生成关于产品的使用体验、客户评价和相关广告，这些都能潜移默化地影响用户的购买动机。

最后，AI种草还可以借助虚拟KOL或数字影响者的形象进一步激发用户需求。这些虚拟KOL通常具有庞大的"粉丝群体"，通过虚拟形象在社交媒体或直播平台上与用户互动，推荐产品。虚拟KOL的优势在于不受时间和场地限制，可以通过算法不断学习、优化表现，使其推荐内容更具吸引力和感染力，提升用户的消费欲望。

★ 专家提醒 ★

虚拟KOL（Key Opinion Leader）是指虚拟角色或数字化个体，这些角色通常由计算机生成，能够在互联网和社交媒体上拥有真实粉丝和受众。它们可能是虚拟博主、虚拟歌手、虚拟主持人，甚至是虚拟品牌代言人。

总体而言，AI种草通过深度学习和内容生成技术，成功地为电商企业实现了需求触发的自动化和个性化。通过精准的用户行为分析和多渠道推送，AI种草大大提高了商品的销售转化率，帮助电商企业吸引并激发用户的购物兴趣。

2.2.2 信息检索阶段：聊天机器人

在信息检索阶段，聊天机器人作为电商平台的智能助手，发挥着至关重要的作用。它们不仅提升了用户获取信息的效率，还通过个性化的交互体验提高了用户的购物满意度。以下是对该阶段聊天机器人作用的详细介绍。

1. 智能检索与匹配

在理解用户意图后，聊天机器人会利用其内置的知识库或调用电商平台的商品数据库进行智能检索。通过关键词匹配、语义相似度计算等方法，聊天机器人能够快速筛选出与用户查询相关的商品信息或答案。同时，为了提供更准确的检索结果，聊天机器人还会考虑用户的上下文信息（如之前的查询记录、购物偏好等），以实现更加个性化的推荐。

2. 实时互动与解答

聊天机器人具备实时互动的能力，能够即时响应用户的查询请求并给出解答。在检索到相关信息后，聊天机器人会以自然语言的形式将结果呈现给用户，并根据用户的反馈进行进一步交互。例如，如果用户对某个商品的某个属性有疑问，聊天机器人可以进一步解释该属性的含义或提供相关的比较信息。

3. 自然语言处理与理解

聊天机器人首先通过自然语言处理技术接收并理解用户的查询请求。这一过程包括分词、句法分析、语义解析等多个步骤，旨在准确捕捉用户的意图和需求。例如，当用户输入"请问这款手机的电池容量是多少？"时，聊天机器人能够迅速识别出关键词"手机""电池容量"，并理解用户想要查询的是特定手机的电池容量信息，如图2-4所示。

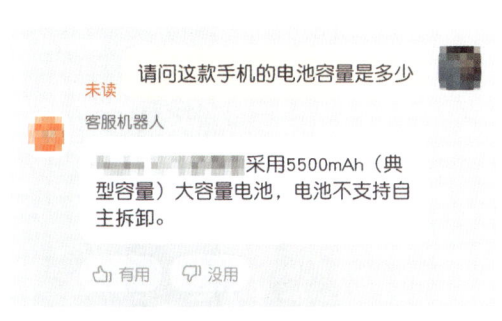

图 2-4 聊天机器人根据用户的问题提供产品信息

4. 个性化推荐与引导

除了直接回答用户的查询，聊天机器人还会根据用户的兴趣和行为习惯进行个性化推荐。通过分析用户的浏览记录、购买历史、搜索关键词等数据，聊天机器人能够预测用户的潜在需求，并主动推荐相关的商品或优惠信息。这种个性化的推荐和引导不仅有助于提升用户的购物体验，还能促进电商平台的销售转化。

5. 持续优化与学习

聊天机器人的性能并非一成不变的，而是随着用户的使用和反馈不断优化和提升的。电商平台会定期收集并分析聊天机器人的交互数据，以评估其性能和用户满意度，并根据评估结果对聊天机器人的算法和模型进行调整和优化。同时，聊天机器人还会通过机器学习技术不断学习和适应新的查询模式和用户习惯，以提供更加智能和高效的服务。

2.2.3 购买决策阶段：AI数字人

在购买决策阶段，AI数字人以其独特的优势，成为辅助用户做出明智购物选择的重要伙伴。这一技术不仅融合了人工智能的高级功能，还融入了人类情感与交互的细腻元素，以下是对该阶段AI数字人作用的详细介绍。

1. 深度理解与个性化建议

AI数字人通过深度学习和自然语言处理技术，能够深入理解用户的购物需求、偏好及疑虑。它们能够分析用户的历史购买记录、浏览行为、搜索关键词，以及与其他用户的互动数据，从而构建出个性化的用户购物画像。基于这一画像，AI数字人能够提供高度个性化的购买建议，包括商品介绍、搭配建议、性价比分析等，帮助用户更加全面地了解商品信息，做出更合适的购买决策，如图2-5所示。

图 2-5　AI 数字人进行商品介绍

2. 交互式咨询与解答

AI数字人具备强大的交互式咨询能力，能够模拟真实人类的对话方式，与用户进行自然而流畅的沟通。当用户对商品的具体细节、使用方法、售后服务等方面有疑问时，AI数字人能够迅速响应并提供准确的解答。它们能够根据用户的提问内容和语气，灵活调整回答的策略和语气，以更贴近用户需求的方式进行交互，增强用户的信任感和满意度。

3. 情感智能与共鸣

除了提供实用的购物建议和信息咨询，AI数字人还具备情感智能。它们能够识别用户的情感状态，如兴奋、疑虑、不满等，并据此调整自己的交互方式和内容，以更加贴心和人性化的方式与用户互动。通过情感共鸣和情绪安抚，AI数字人能够缓解用户的购物焦虑和压力，提升用户的购物体验和满意度。

4. 数据分析与智能推荐优化

在与用户交互的过程中，AI数字人会不断收集和分析用户的行为数据和反馈意见。这些数据不仅用于即时优化用户的购物体验，还用于持续优化AI数字人的推荐算法和模型。通过机器学习和数据分析技术，AI数字人能够不断学习和适应新的用户需求和市场趋势，提供更加精准和个性化的推荐服务。这种持续优化和学习的机制确保了AI数字人在购买决策阶段能够始终保持高效和有效的运行状态。

2.2.4 购买行为阶段：AI附加销售

在购买行为阶段，AI附加销售技术通过智能分析和个性化推荐，能够进一步挖掘用户的潜在需求，促进额外购买，提升整体销售额和客户满意度。以下是对该阶段AI附加销售作用的详细介绍。

1. 动态商品推荐

在消费者即将完成购买时，AI的动态商品推荐功能显得尤为关键。通过以下方式，AI能够在此阶段发挥其独特的作用。

❶ 实时推荐：在消费者浏览结账页面时，AI可以基于购物车中的商品和用户历史购买记录，推荐互补商品或升级选项。

❷ 购物车分析：AI系统会分析消费者购物车中的商品，识别潜在的搭配需求，并实时推荐相关商品，如图2-6所示。

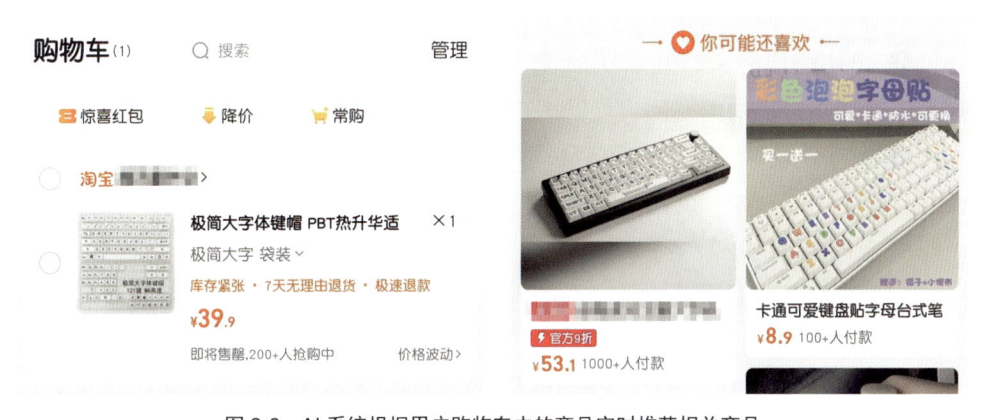

图 2-6 AI 系统根据用户购物车中的商品实时推荐相关商品

2. 交叉销售与捆绑销售

在推荐相关商品的基础上，AI还可以通过交叉销售和捆绑销售策略，进一步提升消费者的购买意愿。

❶ 交叉销售：AI通过分析商品之间的关联性，推荐与消费者所选商品相关的其他商品，如给刚购买了新手机的用户推荐手机壳。

❷ 捆绑销售：AI系统可以创建商品捆绑包，以优惠价格打包销售，鼓励消费者一次性购买更多商品。

3．个性化促销

促销活动对于刺激购买行为至关重要，而AI能够使这些促销更加个性化，从而提高转化率。

❶ 优惠码推送：在结账时，AI可以根据用户的购买历史和消费习惯，推送个性化的优惠码或折扣信息。

❷ 限时优惠：AI可以识别消费者可能在犹豫的购买行为，并通过推送限时优惠来促使消费者尽快下单。

4．智能库存管理

库存管理是电商运营的关键环节，AI系统可以监控库存水平，能够有效提升销售效率。

❶ 库存提醒：AI系统可以监控库存水平，并在消费者结账时提醒他们库存紧张，从而制造购买紧迫感。

❷ 替代商品推荐：如果所选商品缺货，AI可以推荐替代商品，减少因缺货导致的销售流失。

5．提升用户体验

在购买行为阶段用户体验同样不容忽视，AI在此方面也有着显著的作用。

❶ 快速响应客服：在购买阶段，AI客服机器人可以快速响应消费者的咨询，解决购买过程中的疑问，提升用户体验。

❷ 个性化结账流程：AI可以根据用户的偏好和历史数据，提供简化的结账流程，减少用户在结账时的摩擦。

6．数据驱动的决策支持

AI在数据分析和决策支持方面的应用，为电商平台的长期发展提供了有力的支撑。

❶ 购买行为分析：AI系统会分析消费者的购买行为，为商家提供关于销售策略和库存管理的洞见。

❷ 销售预测：基于历史数据和购买趋势，AI可以预测未来的销售情况，帮助商家做出更精准的库存和营销决策。

【AI 设计】

第 3 章　AI 电商设计：打造独特的品牌形象，提升店铺知名度

　　AI电商设计是指运用人工智能技术，针对电子商务平台的产品进行智能化设计，以提高营销效果和用户满意度，为商家和消费者创造更便捷、高效的购物环境。本章将为大家详细讲解AI电商设计的相关知识，让大家对AI电商设计有全新的认识。

3.1 使用文心一格进行电商设计

文心一格支持自定义提示词、画面类型、图像比例、数量等，用户可以通过文心一格快速生成高质量的画作，而且生成的图像质量可以与人类创作的艺术作品相媲美。本节将介绍使用文心一格进行电商设计的操作方法。

3.1.1 使用推荐模式生成商品图片

【效果展示】对新手来说，可以直接使用文心一格的"推荐"AI绘画模式，只需输入提示词，即可让AI自动生成图片，效果如图3-1所示。

扫码看教学视频

图3-1 效果展示

下面介绍在文心一格中使用"推荐"模式生成商品图片的具体操作方法。

步骤01 进入文心一格首页，单击"立即创作"按钮，如图3-2所示。

图3-2 单击"立即创作"按钮

【AI设计】
第3章 AI电商设计：打造独特的品牌形象，提升店铺知名度

步骤02 进入"AI创作"页面，输入相应的提示词，指导AI生成特定的图像，单击"立即生成"按钮，如图3-3所示。

图3-3 单击"立即生成"按钮

步骤03 稍等片刻，即可生成相应的图片，效果如图3-4所示。如果用户对生成的图片效果不满意，可以再次单击"立即生成"按钮，重新生成一张商品图。

图3-4 生成相应的图片

3.1.2 选择合适的商品图片风格

【效果展示】文心一格的图片风格类型非常多，包括"智能推荐""唯美二次元""中国风""艺术创想""插画""明亮插

扫码看教学视频

39

画""炫彩插画""梵高""超现实主义""像素艺术"等。选择合适的风格生成相应的商品图片，效果如图3-5所示。

图 3-5　效果展示

下面介绍在文心一格中选择合适的图片风格生成商品图片的具体操作方法。

步骤 01　进入"AI创作"页面，输入相应的提示词，在"画面类型"选项区中单击"更多"按钮，如图3-6所示。

步骤 02　执行操作后，即可展开"画面类型"选项区，在其中选择"艺术创想"选项，指导AI生成的画面类型，如图3-7所示。

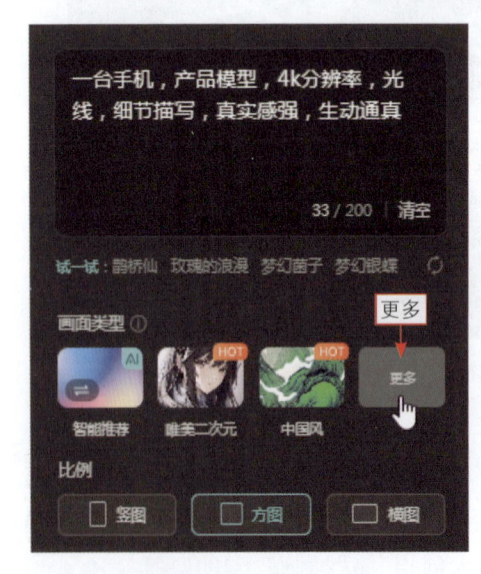

图 3-6　单击"更多"按钮　　　　　图 3-7　选择"艺术创想"选项

步骤03 单击"立即生成"按钮,即可生成一幅"艺术创想"风格的AI绘画作品,效果如图3-8所示。

图 3-8 生成"艺术创想"风格的 AI 绘画作品

★ 专家提醒 ★

同样的AI绘画提示词,选择不同的画面类型,生成的图片风格也不一样。图3-9所示为"超现实主义"风格的图片效果,画面风格变得更加虚幻。

图 3-9 "超现实主义"风格的图片效果

3.1.3 设置商品图片的比例和数量

【效果展示】在文心一格中,除了可以选择多种图片风格,还可以设置图片的比例(竖图、方图和横图)和数量(最多9张),效果如图3-10所示。

图 3-10 效果展示

下面介绍在文心一格中设置商品图片比例和数量的具体操作方法。

步骤01 进入"AI创作"页面，输入相应的提示词，设置"比例"为"方图"、"数量"为2，指导AI生成图像的比例与数量，如图3-11所示。

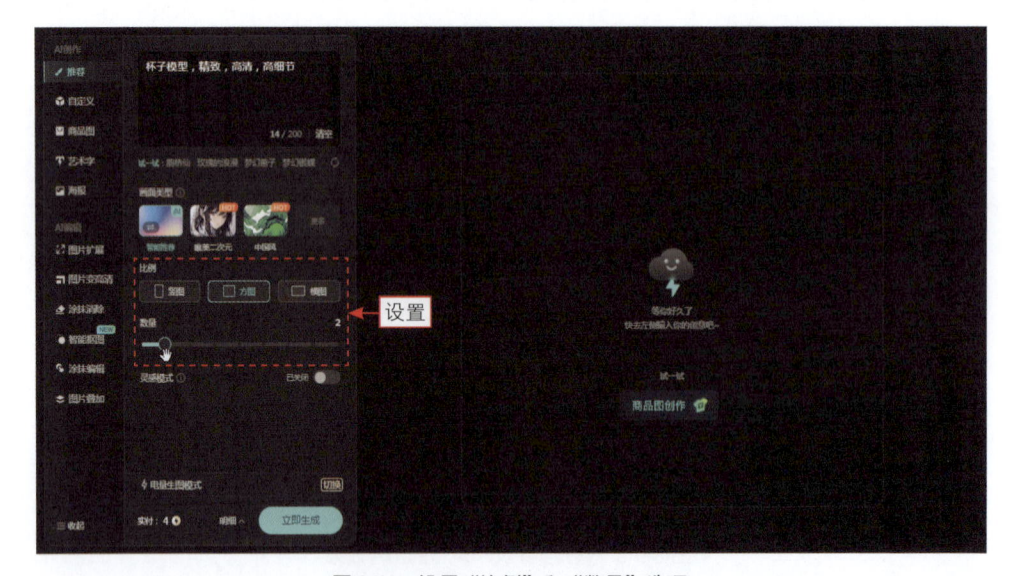

图 3-11 设置"比例"和"数量"选项

★ 专家提醒 ★

用户可以使用文心一格平台提供的智能生成功能，生成各种类型的商品图像和艺术作品。文心一格平台使用深度学习技术，能够自动学习用户的提示词和风格，生成相应的画作。

【AI设计】
第3章 AI电商设计：打造独特的品牌形象，提升店铺知名度

步骤 02 单击"立即生成"按钮，生成两幅AI绘画作品，效果如图3-12所示。

图 3-12 生成两幅 AI 绘画作品

3.1.4 使用自定义功能生成商品图片

【效果展示】使用文心一格的"自定义"AI绘画模式，用户可以设置更多的提示词，从而让生成的商品图片效果更加符合自己的需求，效果如图3-13所示。

扫码看教学视频

图 3-13 效果展示

下面介绍在文心一格中使用自定义功能生成商品图片的具体操作方法。

43

步骤 01 进入"AI创作"页面，切换至"自定义"选项卡，输入相应的提示词，设置"选择AI画师"为"创艺"，指导AI生成画面的艺术风格，如图3-14所示。

步骤 02 在下方继续设置"尺寸"为16：9、"数量"为1，指导AI生成一张横幅图像，如图3-15所示。

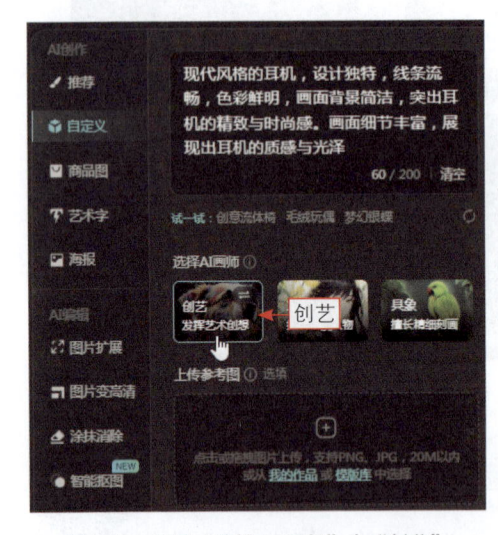

图 3-14 设置"选择AI画师"为"创艺"　　　图 3-15 设置"尺寸"和"数量"

步骤 03 单击"立即生成"按钮，即可生成自定义的AI绘画作品，效果如图3-16所示。

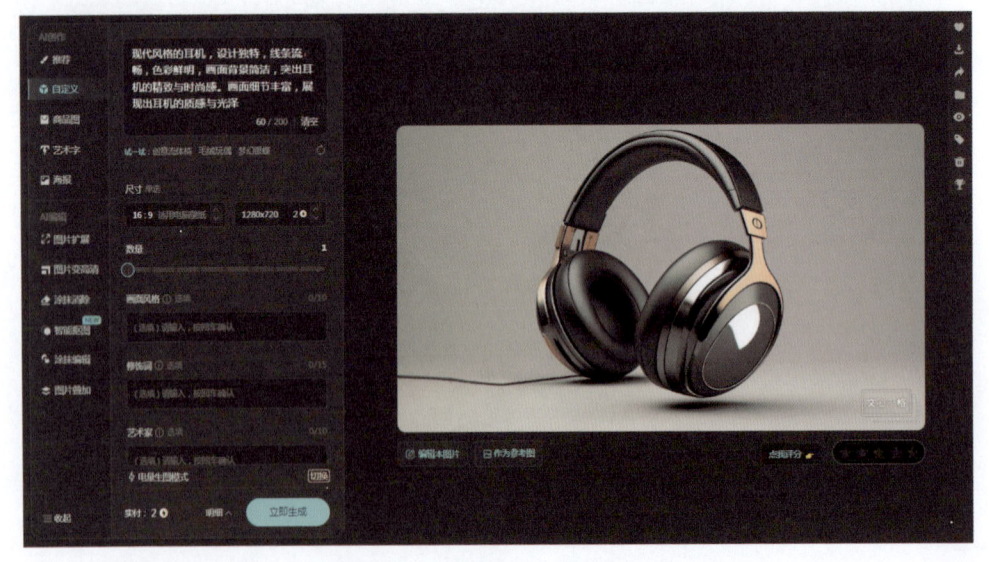

图 3-16 生成自定义的AI绘画作品

3.1.5 上传参考图生成类似的图片

【效果展示】使用文心一格的"上传参考图"功能,用户可以上传任意一张图片,通过文字来描述想要修改的地方,实现类似的图片效果,如图3-17所示。

图 3-17 效果展示

下面介绍在文心一格中上传参考图生成类似图片的具体操作方法。

步骤 01 在"AI创作"页面的"自定义"选项卡中,输入相应的提示词,设置"选择AI画师"为"创艺",单击"上传参考图"下方的 按钮,如图3-18所示。

步骤 02 执行操作后,弹出"打开"对话框,选择相应的参考图,如图3-19所示。

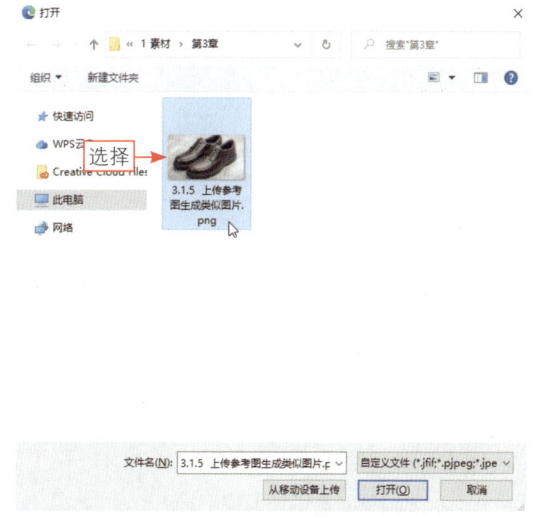

图 3-18 单击相应的按钮　　　　图 3-19 选择相应的参考图

步骤03 单击"打开"按钮，即可上传参考图，设置"影响比重"为8，如图3-20所示，该数值越大，参考图的影响就越大。

步骤04 在下方继续设置"尺寸"为3：2、"数量"为1，指导AI生成一张横幅图像，单击"立即生成"按钮，如图3-21所示。

图 3-20 设置"影响比重"选项　　　　　图 3-21 单击"立即生成"按钮

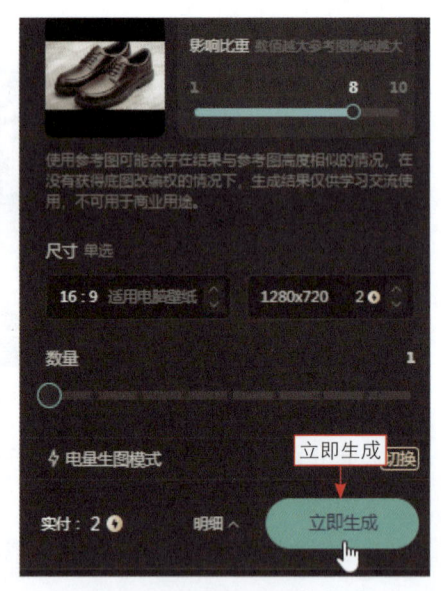

步骤05 执行操作后，即可根据参考图生成类似的图片，效果如图3-22所示。

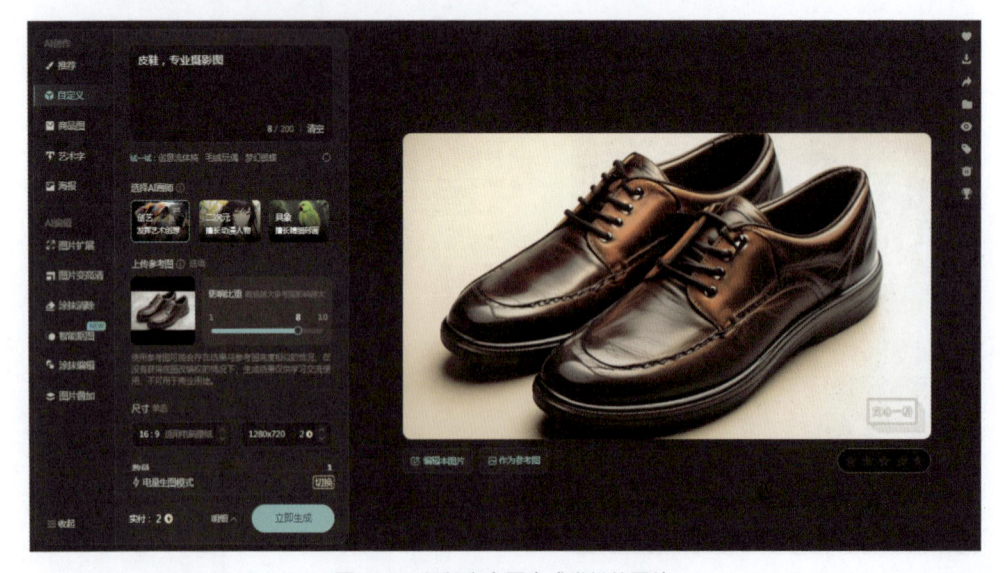

图 3-22 根据参考图生成类似的图片

3.2 使用 Midjourney 进行电商绘画

使用Midjourney生成电商图片非常简单，具体取决于用户使用的提示词。当然，如果用户要生成高质量的电商图片，则需要大量地训练AI模型和深入了解艺术设计的相关知识。本节将介绍一些Midjourney的AI电商绘画技巧，帮助大家快速掌握生成电商图片的基本操作方法。

3.2.1 通过imagine指令生成商品图

【效果展示】Midjourney主要使用imagine（想象）指令和提示词等文字内容来完成AI绘画创作，用户应尽量输入英文提示词。通过imagine指令输入相应的提示词，即可生成想要的图片，效果如图3-23所示。

图 3-23 效果展示

下面介绍在Midjourney中通过imagine指令生成商品图的具体操作方法。

步骤 01 在Midjourney下面的输入框内输入/（正斜杠符号），在弹出的列表框中选择imagine指令，如图3-24所示。

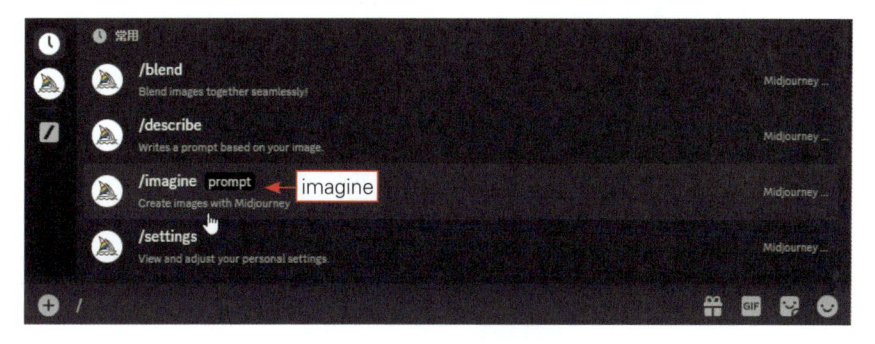

图 3-24 选择 imagine 指令

步骤02 在imagine指令下方的prompt（提示）文本框中输入相应的提示词，如图3-25所示。

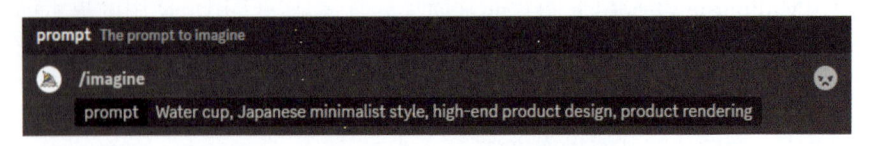

图3-25　输入相应的提示词

步骤03 按【Enter】键确认，稍等片刻，Midjourney将根据提示词生成4张对应的图片，如图3-26所示。

步骤04 单击生成图片下方的V1按钮，如图3-27所示。V按钮的功能是以所选的图片样式为模板重新生成4张图片，每张图片都从左至右对应一个数字编号。

图3-26　生成4张对应的图片　　　图3-27　单击V1按钮

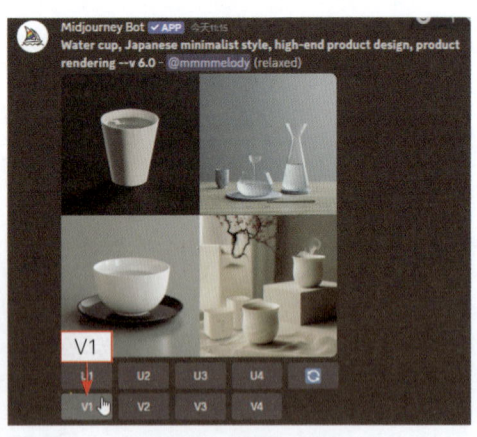

步骤05 执行操作后，Midjourney将以第1张图片为模板，重新生成4张图片。如果用户对重新生成的图片都不满意，可以单击 🔄（重做）按钮，如图3-28所示。

步骤06 执行操作后，Midjourney将根据提示词重新生成图片，如图3-29所示。

步骤07 在生成的4张图片中选择其中最满意的一张，例如这里选择第3张，单击U3按钮，如图3-30所示。

步骤08 执行操作后，Midjourney将在第3张图片的基础上进行更加精细的刻画，并放大图片，效果如图3-31所示。

步骤09 在生成的大图下方单击Vary（Subtle）（非常微妙）按钮，将以该张图片为模板，重新生成变化较小的4张图片；单击Vary（Strong）（非常强烈）按钮，则重新生成变化较大的4张图片，如图3-32所示。

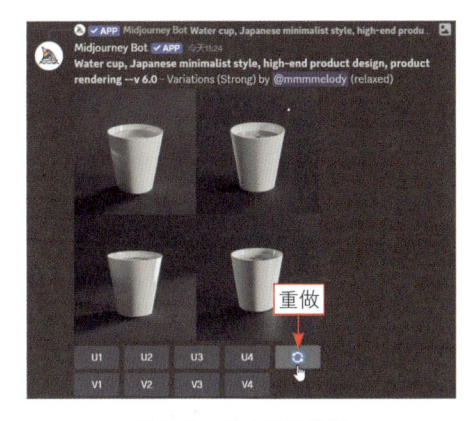

【AI设计】
第3章 AI电商设计：打造独特的品牌形象，提升店铺知名度

图 3-28　单击重做按钮

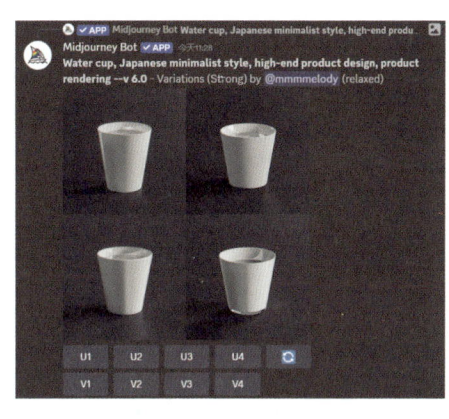

图 3-29　重新生成图片效果

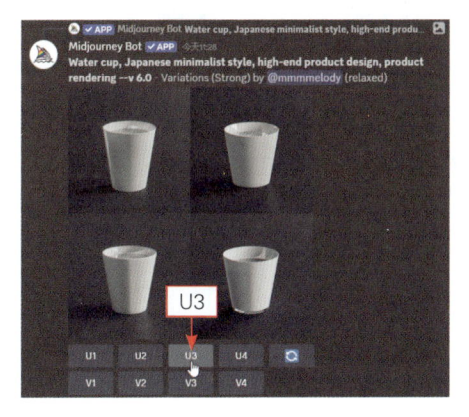

图 3-30　单击U3按钮

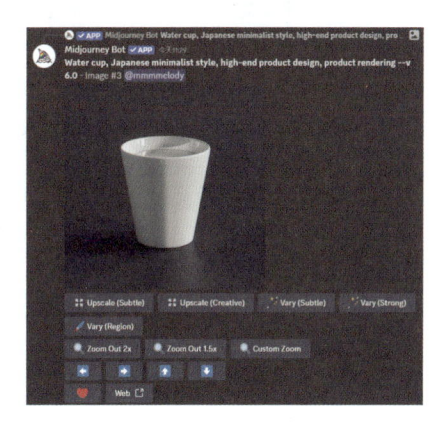

图 3-31　放大图片

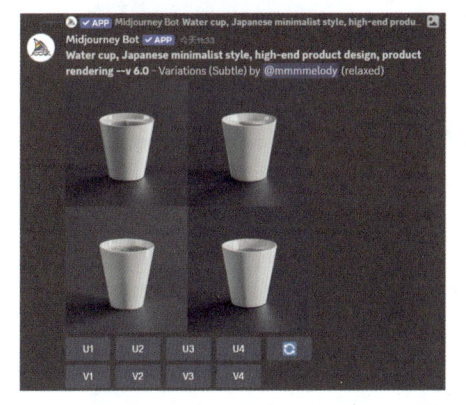

图 3-32　重新生成变化较小和变化较大的图片

★ 专 家 提 醒 ★

在Midjourney中，每个提示词中间要添加一个逗号（英文字体格式）或空格。Midjourney生成的图片下方的U按钮表示放大选中图片的细节。用户可以使用U1～U4按钮进行选择并生成大图效果。

49

3.2.2 通过describe指令生成商品图

【效果展示】在Midjourney中，用户可以使用describe（描述）指令上传图片，然后获取图片的提示词，这个过程称为以图生文。根据所获取的提示词和图片链接生成类似的图片，则称为以图生图，也称为"垫图"，效果如图3-33所示。

图 3-33 效果展示

下面介绍在Midjourney中通过describe指令生成商品图的具体操作方法。

步骤01 在Midjourney下面的输入框内输入/，在弹出的列表框中选择describe指令，如图3-34所示。

图 3-34 选择 describe 指令

步骤02 执行操作后，在弹出的列表框中选择image选项，如图3-35所示。

图 3-35 选择 image 选项

步骤03 执行操作后，弹出相应的面板，用户可以将图片拖曳至面板中或单击面板中的上传按钮来上传文件，这里单击上传按钮，如图3-36所示。

【AI设计】
第3章 AI电商设计：打造独特的品牌形象，提升店铺知名度

步骤 04 弹出"打开"对话框，选择相应的图片，然后单击"打开"按钮，如图3-37所示。

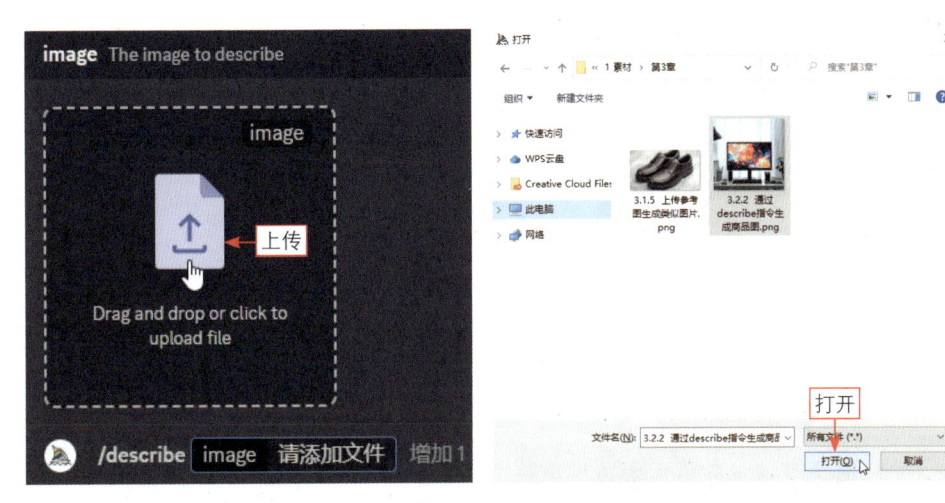

图 3-36 单击上传按钮　　　　图 3-37 单击"打开"按钮

步骤 05 执行操作后，即可成功上传图片，按【Enter】键确认，Midjourney会根据用户上传的图片生成4段提示词，如图3-38所示。用户可以通过复制提示词或单击下面的1~4按钮，以该图片为模板生成新的图片。

图 3-38 生成4段提示词

步骤 06 单击下方的图片，在弹出的预览图下方单击"在浏览器中打开"超链接，如图3-39所示，即可在浏览器中打开该图片。

51

步骤07 复制该图片的网页链接，然后回到Midjourney中，在图片下方单击1按钮，如图3-40所示。

图 3-39　单击"在浏览器中打开"超链接

图 3-40　单击 1 按钮

步骤08 弹出Imagine This!（想象一下！）对话框，在PROMPT文本框中的提示词前面粘贴复制的链接，如图3-41所示。注意，链接和提示词中间要添加一个空格。

步骤09 单击"提交"按钮，即可以参考图为模板生成4张图片，如图3-42所示，选择其中一张进行放大，即可获得最终效果。

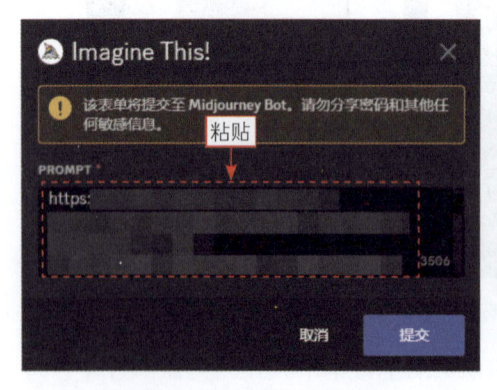

图 3-41　粘贴复制的图片链接

图 3-42　生成 4 张图片

3.2.3 通过blend指令合成商品图

【效果展示】在Midjourney中,用户可以使用blend(混合)指令上传2~5张图片,根据每张图片的特征混合生成一张新的图片,效果如图3-43所示。

图 3-43 效果展示

下面介绍在Midjourney中通过blend指令合成商品图的具体操作方法。

步骤01 在Midjourney下面的输入框内输入/,然后在弹出的列表框中,选择blend指令,如图3-44所示。

步骤02 执行操作后,出现两个图片框,单击左侧图片框中的上传按钮,如图3-45所示。

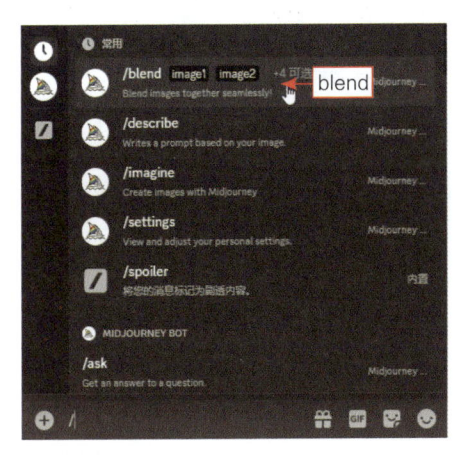

图 3-44 选择 blend 指令　　图 3-45 单击上传按钮

步骤03 执行操作后,弹出"打开"对话框,选择相应的图片,单击"打开"按钮,如图3-46所示。

步骤04 成功上传图片，并用同样的方法上传另一张图片，如图3-47所示。

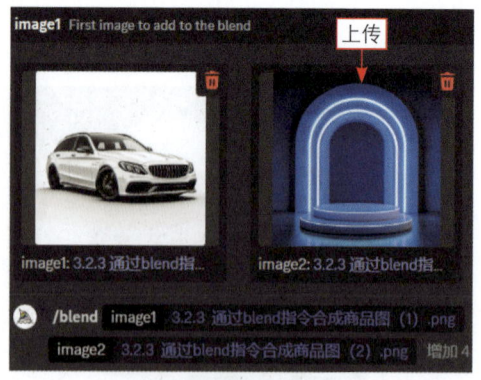

图 3-46 单击"打开"按钮	图 3-47 上传另一张图片

步骤05 执行操作后，按【Enter】键确认，Midjourney会自动完成图片的混合操作，并生成4张新的图片，如图3-48所示。

步骤06 选择其中合适的一张图片进行放大，即可获得最终效果，如图3-49所示。

图 3-48 生成 4 张新的图片	图 3-49 放大图片效果

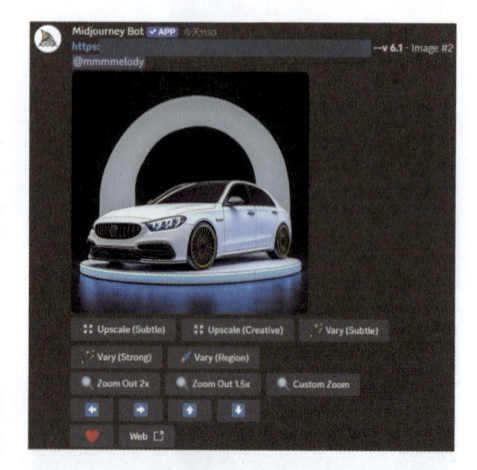

3.2.4 通过Remix mode生成商品图

【效果展示】使用Midjourney中的Remix mode（混音模式）可以更改提示词、参数、模型版本或变体之间的横纵比，让AI绘画变得更

扫码看教学视频

54

【AI设计】
第3章　AI电商设计：打造独特的品牌形象，提升店铺知名度

加灵活、多变，效果如图3-50所示。

图 3-50　效果展示

下面介绍在Midjourney中通过Remix mode生成商品图的具体操作方法。

步骤 01　在输入框内输入/，在弹出的列表框中选择settings（设置）指令，如图3-51所示。按【Enter】键确认，即可调出Midjourney的设置面板。

图 3-51　选择 settings 指令

步骤 02　为了帮助大家更好地理解设置面板，这里将其中的内容翻译成了中文，如图3-52所示。注意，直接翻译的英文不是很准确，具体用法需要用户多练习才能掌握。

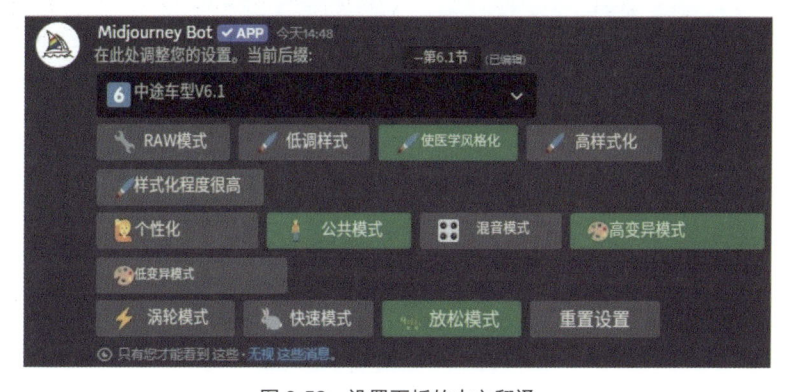

图 3-52　设置面板的中文翻译

步骤 03 单击Remix mode按钮，如图3-53所示，即可成功开启混音模式（按钮显示为绿色）。

图 3-53　单击 Remix mode 按钮

步骤 04 通过imagine指令输入提示词"A bicycle was photographed in the city background, with a bright red color, bold curves, and the edge of the city（大意为：在城市背景中拍摄了一辆自行车，颜色鲜艳，曲线大胆，城市边缘）"，生成的图片效果如图3-54所示。

步骤 05 单击V4按钮，弹出Remix Prompt（混音提示）对话框，如图3-55所示。

图 3-54　生成的图片效果　　　　图 3-55　Remix Prompt 对话框

步骤 06 适当修改其中的某个提示词，如将bicycle（自行车）改为motorcycle（摩托车），如图3-56所示。

步骤 07 单击"提交"按钮，即可将自行车替换为摩托车，效果如图3-57所示。

【AI设计】
第3章 AI电商设计：打造独特的品牌形象，提升店铺知名度

图 3-56 修改提示词　　　　　图 3-57 重新生成相应的图片效果

3.2.5 AI一键修改模特脸部

【效果对比】InsightFaceSwap是一款专门针对人像处理的Discord官方插件，它能够精准地替换人物脸部，同时不会改变图片中的其他内容，利用InsightFaceSwap可以一键修改模特的脸部，原图与效果图对比如图3-58所示。

扫码看教学视频

图 3-58 原图与效果图对比

下面介绍在Midjourney中利用InsightFaceSwap一键修改模特脸部的操作方法。

步骤01 在Midjourney下面的输入框内输入/，在弹出的列表框中，单击左侧的InsightFaceSwap图标，如图3-59所示。

57

步骤02 执行操作后，在列表框中选择saveid（保存ID）指令，如图3-60所示。

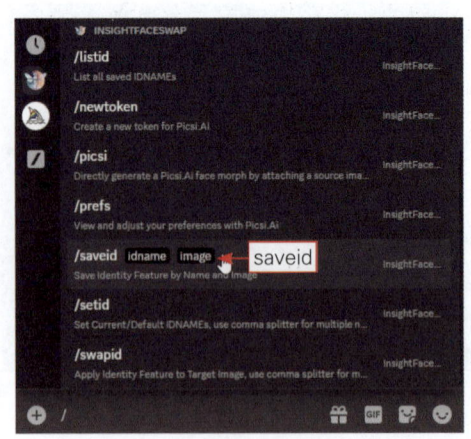

图 3-59　单击 InsightFaceSwap 图标　　　　图 3-60　选择 saveid 指令

步骤03 输入相应的idname（身份名称），如图3-61所示。idname可以为任意8位以内的英文字符和数字。

步骤04 单击上传按钮，上传一张面部清晰的人物图片，如图3-62所示。

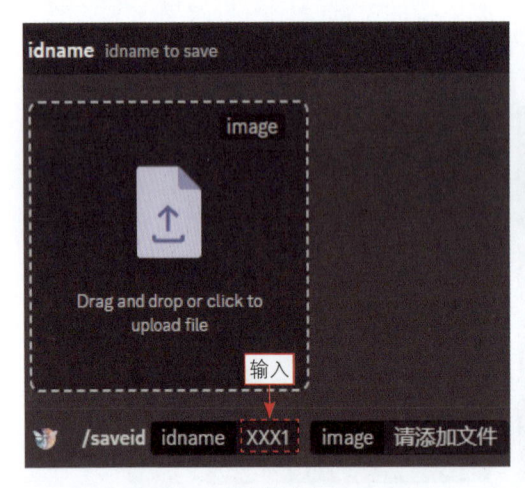

图 3-61　输入相应的 idname　　　　图 3-62　上传一张人物图片

★ 专 家 提 醒 ★

要使用InsightFaceSwap插件，用户需要先邀请InsightFaceSwap Bot到自己的服务器中，具体的邀请链接可以通过百度搜索。

另外，用户可以使用/listid（列表ID）指令来列出目前注册的所有idname，也可以使用/delid（删除ID）指令和/delall（删除所有ID）指令来删除idname。

【AI设计】
第3章　AI电商设计：打造独特的品牌形象，提升店铺知名度

步骤 05 按【Enter】键确认，即可成功创建idname，如图3-63所示。

步骤 06 接下来使用imagine指令生成一张人物肖像图片，并选择其中一张进行放大，效果如图3-64所示。

图 3-63　创建 idname　　　　　　　　　图 3-64　放大图片效果

步骤 07 在图片上单击鼠标右键，在弹出的快捷菜单中选择App（应用程序）| INSwapper（替换目标图像的面部）命令，如图3-65所示。

步骤 08 执行操作后，InsightFaceSwap即可替换人物面部，效果如图3-66所示。

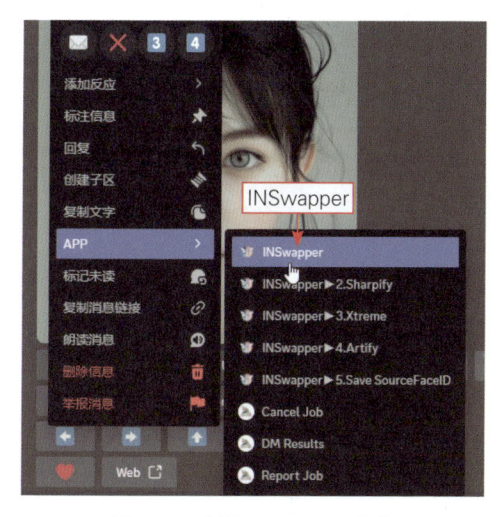

图 3-65　选择 INSwapper 命令　　　　　图 3-66　替换人物面部效果

59

步骤09 另外，用户也可以在Midjourney下面的输入框内输入/，在弹出的列表框中选择swapid（换脸）指令，如图3-67所示。

步骤10 执行操作后，输入刚才创建的idname，并上传想要替换人脸的底图，如图3-68所示。

图 3-67　选择 swapid 指令　　　　图 3-68　上传想要替换人脸的底图

步骤11 按【Enter】键确认，即可调用InsightFaceSwap机器人替换底图中的人脸，效果如图3-69所示。

图 3-69　替换人脸效果

3.3　使用 Midjourney 进行 LOGO 设计

【效果展示】LOGO是品牌标志的核心，它能够有效地传达品牌的价值和特点。同时，LOGO也是识别品牌的重要工具，能够对品牌的成功和发展产生重大影响。本节向大家介绍如何使用Midjourney生成美妆品牌LOGO，效果如图3-70所示。

图 3-70　效果展示

3.3.1　运用ChatGPT生成提示词

有时候人们可能难以凭自己的想象去设计LOGO，此时不妨询问ChatGPT，并从ChatGPT的回答中获取LOGO的提示词，具体操作方法如下。

步骤01 在ChatGPT中输入相应的提示词，按【Enter】键确认，ChatGPT会给出LOGO的描述信息，相关的提示词和回复内容如下。

🅁 提问

请用200字左右描述某个美妆类品牌的LOGO。

🅖 ChatGPT

这个美妆品牌的LOGO设计以简约和优雅为核心理念，展现出品牌对品质和细节的追求。LOGO采用柔和的曲线和圆形轮廓，象征着美丽与和谐，搭配温暖的金色或玫瑰金色调，传达出品牌的高端定位与时尚感。字体旁边点缀着一片精致的花瓣或水滴图案，象征着产品中的天然成分与细腻质感。整体设计简洁且富有辨识度，适合多种应用场景。

61

步骤 02 让ChatGPT给出明确的AI绘画提示词示例，并提供一段用于生成美妆品牌LOGO图像的AI绘画提示词，相关的提示词和回复内容如下。

R1 提问

请整合上述信息，提供一段用于生成美妆品牌LOGO图像的AI绘画提示词，要求50字左右。

ChatGPT

设计一个简约、优雅的美妆品牌LOGO，包含柔和的曲线、圆形轮廓，使用温暖的金色调，点缀精致的花瓣或水滴图案。

步骤 03 让ChatGPT提供翻译帮助，相关的提示词和回复内容如下。

R1 提问

请将这段AI绘画提示词翻译为英文。

ChatGPT

Design a simple and elegant beauty brand LOGO, featuring soft curves, circular contours, warm gold accents, and delicate petal or droplet patterns.

★ 专家提醒 ★

在使用ChatGPT获取AI绘画提示词时，也可以直接让ChatGPT提供英文提示词，省去翻译时间。

3.3.2 运用Midjourney生成LOGO

在得到了品牌LOGO的AI绘画提示词后，接下来可以使用Midjourney直接生成LOGO效果图，具体操作方法如下。

步骤 01 在Midjourney中调出imagine指令，复制并粘贴ChatGPT提供的英文提示词，并设置相应的图像比例，如图3-71所示。

图3-71 粘贴相应的提示词

【AI设计】
第3章 AI电商设计：打造独特的品牌形象，提升店铺知名度

步骤 02 按【Enter】键确认，即可生成4张LOGO图片，效果如图3-72所示。

步骤 03 选择其中一张合适的图片进行放大，如图3-73所示。

图 3-72　生成 4 张 LOGO 图片　　　　　图 3-73　放大其中一张图片

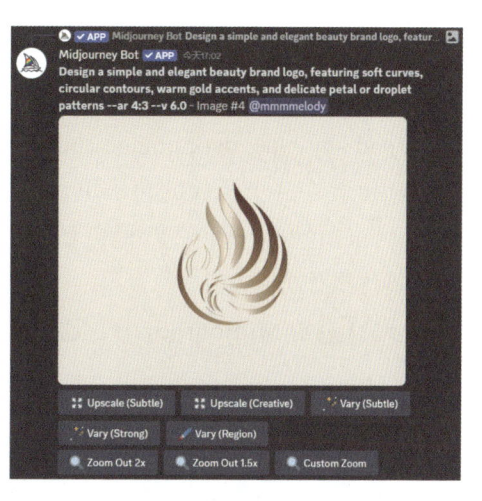

3.4 使用 Midjourney 进行包装设计

【效果展示】包装设计作为商品形象的重要组成部分，对于提升商品价值、吸引消费者眼球具有不可忽视的作用。本节将介绍使用Midjourney设计钻石项链包装的操作方法，效果如图3-74所示。

图 3-74　效果展示

63

3.4.1 生成项链包装效果图

在Midjourney中通过imagine指令输入合适的提示词，例如"a green velvet jewelry box held by a silver necklace in an open box, in the style of simple and elegant style, gold and aquamarine, pure color, leather/hide, dark green and sky-blue, dark orange and gold（大意为：一个绿色天鹅绒首饰盒，由一条银项链装在一个开放的盒子里，风格简单优雅，金色和碧绿色，纯色，皮革/皮革，深绿色和天蓝色，深橙色和金色）--ar 16∶9"，即可生成相应的包装效果图，具体操作方法如下。

步骤01 在Midjourney中，通过imagine指令输入相应的提示词，如图3-75所示。

图 3-75 输入相应的提示词

步骤02 按【Enter】键确认，即可生成4张包装效果图，如图3-76所示。

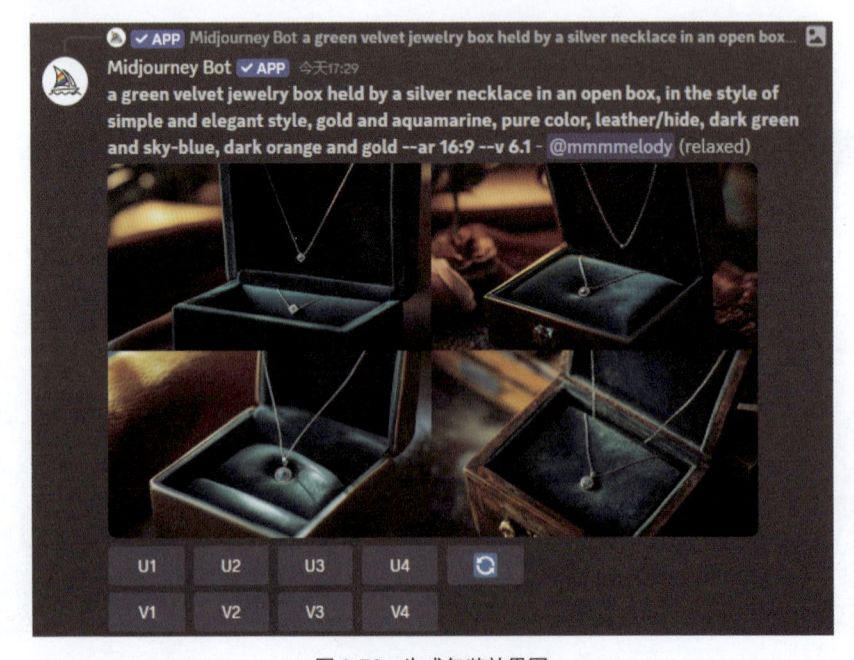

图 3-76 生成包装效果图

3.4.2 通过种子重新生成图像

在生成初步的包装效果图后，可以使用种子（即seed）值来重新设计图像，具体操作方法如下。

步骤 01 将鼠标指针移至预览图上，在弹出的工具栏中单击"添加反应"图标😊，如图3-77所示。

步骤 02 执行操作后，弹出相应的面板，如图3-78所示。

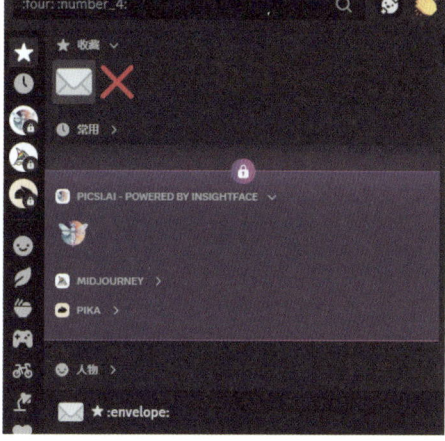

图 3-77　单击"添加反应"图标　　　　图 3-78　弹出相应的面板

步骤 03 在搜索框中输入envelope（信封），并单击搜索结果中的信封图标✉，如图3-79所示。

步骤 04 执行操作后，Midjourney Bot将会给用户发送一个消息，单击私信图标即可查看消息，如图3-80所示。

图 3-79　单击信封图标　　　　图 3-80　单击私信图标

65

步骤 05 执行操作后，即可看到Midjourney Bot发送的Job ID（作业ID）和图片的种子值，如图3-81所示。

步骤 06 再次调用imagine指令，输入相同的提示词，并在结尾处加上--seed指令，指令后面输入图片的种子值，再生成新的图片，效果如图3-82所示。

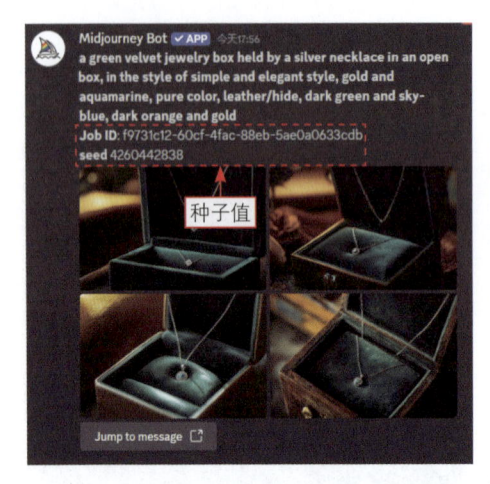

图 3-81　Midjourney Bot 发送的种子值　　　　图 3-82　生成新的图片

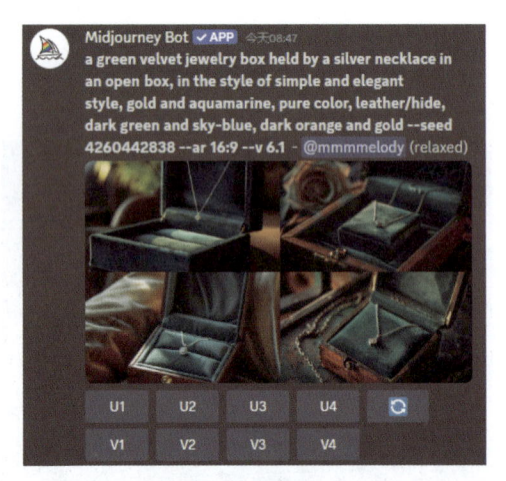

★ 专家提醒 ★

在使用Midjourney生成图片时，会有一个从模糊的噪点逐渐变为具体清晰的过程，而这个"噪点"的起点就是seed，Midjourney依靠它来创建一个"视觉噪声场"，作为生成初始图片的起点。种子值是Midjourney为每张图片随机生成的，但人们可以使用--seed指令指定。在Midjourney中使用相同的种子值和提示词，将生成相同的图像，利用这一点可以生成连贯一致的场景。

3.4.3　用Upscale提升图像质量

在Midjourney中，Upscale（放大器）功能用于提高图像的分辨率，使用户能够生成更详细、清晰的图像。Subtle（微妙的）模式是Upscale功能中的一种模式，它提供了一种更为微妙和精细的方式来提高图像的分辨率。

Subtle模式可以在保持图像整体风格的同时，提高图像的清晰度，增加细节，使生成的图像更加逼真和引人入胜，具体操作方法如下。

步骤 01 选择其中一张合适的图片进行放大，在放大后的图片下方，单击Upscale（Subtle）按钮，如图3-83所示。

【AI设计】
第3章 AI电商设计：打造独特的品牌形象，提升店铺知名度

步骤 02 执行操作后，即可将当前图片的分辨率提升两倍，这样能够避免将图片进行放大观察时出现模糊的情况，效果对比如图3-84所示。

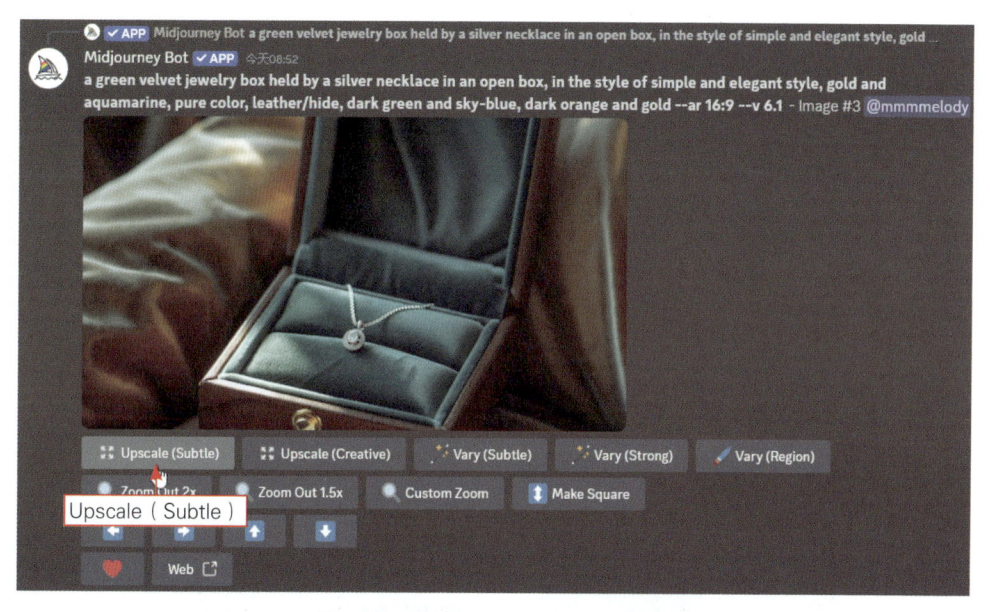

图 3-83 单击 Upscale（Subtle）按钮

图 3-84 普通出图与提升分辨率后出图的细节对比

★ 专 家 提 醒 ★

当使用Subtle模式时，Midjourney会采用一种更为渐进和细致的方法来提高图像的分辨率，而不是简单地放大像素。这意味着生成的图像在细节和纹理方面会更加自然和逼真，而不会出现锯齿或模糊的边缘。

67

第 4 章 AI 广告设计：设计创意产品，让品牌形象深入人心

通过输入特定的设计需求、风格偏好、目标受众特征及品牌信息，AI能够智能分析并创造出独特且具有吸引力的设计效果，从而大幅提高设计效率与创意水平，满足现代营销的快速响应与个性化需求。本章将介绍AI广告设计的相关技巧，帮助大家创作出满意的产品设计。

4.1 使用PS AI进行电商广告设计

随着Adobe Photoshop 24.6（Beta）版（即Photoshop AI版）的推出，Photoshop（以下简称PS）集成了更多的AI功能，其中最强大的就是"创成式填充"功能，让这一代PS成为电商设计师不可或缺的工具。

借助Photoshop AI版的"创成式填充"功能，通过巧妙的设计和优化，可以打造出引人注目的电商广告效果，从修图、排版到创意设计，对每个细节都进行精心雕琢，以突出产品特点、增加吸引力。

有了"创成式填充"功能这种强大的AI工具，用户可以充分将创意与技术进行结合，并将电商广告的视觉冲击力发挥到极致，让消费者被吸引住并产生购买兴趣。本节主要介绍使用PS AI软件设计与优化电商广告图片的技巧。

4.1.1 修改广告图片的背景

【效果对比】当用户做好广告图片后，如果觉得背景效果不太满意，可以使用"创成式填充"功能快速修改广告背景，原图与效果图对比如图4-1所示。

图4-1 原图与效果图对比

下面介绍在PS AI中修改广告图片背景的具体操作方法。

步骤01 选择"文件"|"打开"命令，打开一张素材图片，在下方的工具栏中单击"选择主体"按钮，如图4-2所示。

步骤02 执行操作后，即可在主体上创建一个选区，如图4-3所示。

步骤03 在选区下方的浮动工具栏中单击"反相选区"按钮，如图4-4所示。

步骤04 执行操作后，即可反选选区，单击"创成式填充"按钮，如图4-5所示。

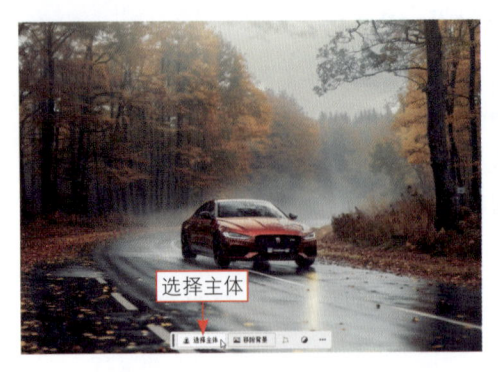

图 4-2　单击"选择主体"按钮

图 4-3　在主体上创建一个选区

图 4-4　单击"反相选区"按钮

图 4-5　单击"创成式填充"按钮

步骤 05　在浮动工具栏中输入相应的提示词，单击"生成"按钮，如图4-6所示。

步骤 06　执行操作后，即可改变背景效果，在浮动工具栏中单击"下一个变体"按钮，即可更换其他的背景样式，如图4-7所示。

图 4-6　单击"生成"按钮

图 4-7　单击"下一个变体"按钮

【AI设计】
第4章 AI广告设计：设计创意产品，让品牌形象深入人心

★ 专 家 提 醒 ★

"创成式填充"功能的原理其实就是AI绘画技术，通过在原有图像上绘制新的图像，或者扩展原有图像的画布生成更多的图像内容，同时还可以进行智能化修图处理。

4.1.2 去除广告图片中的文字

【效果对比】如果广告图片中有多余的文字或水印，用户可以使用"创成式填充"功能快速去除这些内容，原图与效果图对比如图4-8所示。

扫码看教学视频

图 4-8 原图与效果图对比

★ 专 家 提 醒 ★

需要注意的是，通过Midjourney或者PS的"创成式填充"功能生成的文字内容是不可识别的。本书有很多图片素材都是用AI绘画工具生成的，因此图中的文字没有任何意义，仅用于演示软件的操作过程。

下面介绍在PS AI中去除广告图片中文字的具体操作方法。

步骤01 选择"文件"|"打开"命令，打开一张素材图片，选取工具箱中的矩形选框工具，在图中的文字上创建一个矩形选区，如图4-9所示。

步骤02 执行操作后，单击"创成式填充"按钮，如图4-10所示。

图 4-9 创建矩形选区

71

图4-10 单击"创成式填充"按钮

步骤03 执行操作后,在浮动工具栏中单击"生成"按钮,如图4-11所示。

图4-11 单击"生成"按钮

步骤04 执行操作后,即可去除选区中的文字,效果如图4-12所示。

【AI设计】
第4章　AI广告设计：设计创意产品，让品牌形象深入人心

图 4-12　最终效果

4.1.3　去除广告图片中的人物

【效果对比】人们在拍摄街景模特类的广告图片素材时，难免会拍到一些路人，此时即可使用"创成式填充"功能去除路人，原图与效果图对比如图4-13所示。

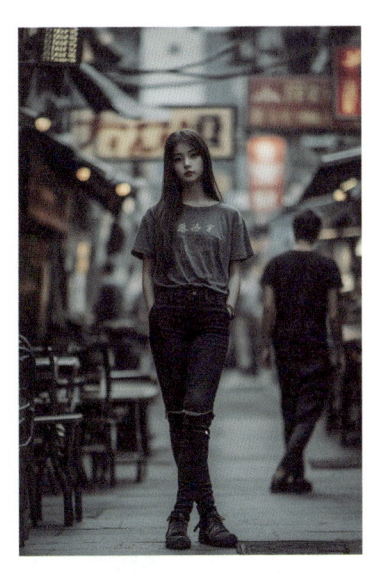

扫码看教学视频

图 4-13　原图与效果图对比

下面介绍在PS AI中去除广告图片中人物的具体操作方法。

步骤01　选择"文件"|"打开"命令，打开一张素材图片，选取工具箱中的套索工具，沿着相应人物的边缘创建一个选区，如图4-14所示。

73

步骤02 在浮动工具栏中单击"创成式填充"按钮，如图4-15所示。

图 4-14　创建选区　　　　　　　　图 4-15　单击"创成式填充"按钮

步骤03 执行操作后，在浮动工具栏中单击"生成"按钮，如图4-16所示。
步骤04 执行操作后，即可去除选区中的人物，效果如图4-17所示。

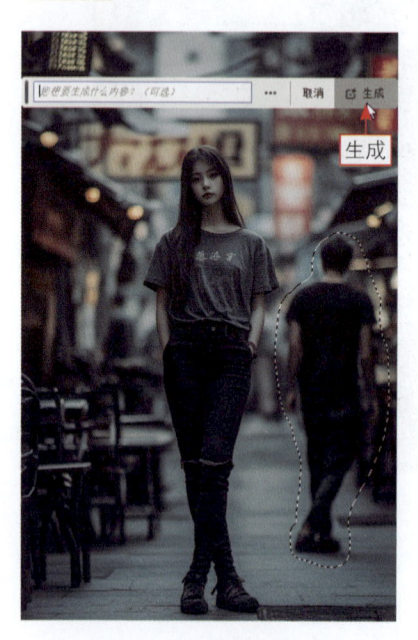

图 4-16　单击"生成"按钮　　　　　　图 4-17　最终效果

4.1.4 增加画面中的广告元素

【效果对比】在做电商广告图片时，可以使用"创成式填充"功能在画面中快速添加一些广告元素，如优惠券等，原图与效果图对比如图4-18所示。

图4-18 原图与效果图对比

下面介绍在PS AI中增加画面中的广告元素的具体操作方法。

步骤01 选择"文件"|"打开"命令，打开一张素材图片，选取工具箱中的矩形选框工具，创建一个矩形选区，如图4-19所示。

图4-19 创建矩形选区

步骤02 在浮动工具栏中单击"创成式填充"按钮，输入提示词"优惠券"，如图4-20所示。

75

图 4-20 输入相应的提示词

步骤 03 单击"生成"按钮,即可生成一张优惠券,效果如图4-21所示。

图 4-21 生成一张优惠券

步骤 04 在优惠券中的文字上,运用矩形选框工具创建一个矩形选区,如图4-22所示。

步骤 05 在浮动工具栏中依次单击"创成式填充"按钮和"生成"按钮,即可去除优惠券中的文字内容,效果如图4-23所示。

图 4-22 创建矩形选区

图 4-23 去除优惠券中的文字内容

步骤 06 选取工具箱中的横排文字工具 **T**，在优惠券中输入文字"买一送一"，如图4-24所示。

步骤 07 选中文字内容，展开"字符"面板，设置"字体"为"宋体"、"字体大小"为 72 点、"颜色"为白色（RGB 参数值均为 255），如图 4-25 所示。

77

图 4-24 输入相应的文字

步骤08 执行操作后，即可修改文字样式，并适当调整文字的位置，效果如图4-26所示。

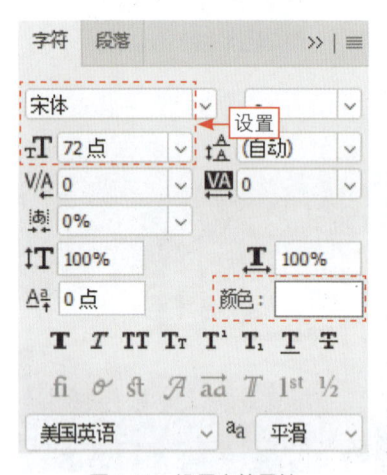

图 4-25 设置字符属性

图 4-26 调整文字位置

4.1.5 改变商品广告图片中的主体

【**效果对比**】用户在设计电商广告图片时，如果对图片中的商品主体效果不满意，可以使用"创成式填充"功能快速更换主体，原图与效果图对比如图4-27所示。

扫码看教学视频

【AI设计】
第4章　AI广告设计：设计创意产品，让品牌形象深入人心

图 4-27　原图与效果图对比

下面介绍在PS AI中改变商品广告图片中的主体的具体操作方法。

步骤01 选择"文件"|"打开"命令，打开一张素材图片，选取工具箱中的椭圆选框工具，创建一个圆形选区，如图4-28所示。

步骤02 在浮动工具栏中单击"创成式填充"按钮，如图4-29所示。

图 4-28　创建圆形选区　　　　图 4-29　单击"创成式填充"按钮

步骤03 输入提示词"鸡翅"，单击"生成"按钮，如图4-30所示。

步骤04 执行操作后，即可生成相应的美食图片，效果如图4-31所示。

图 4-30　单击"生成"按钮　　　　图 4-31　最终效果

79

4.1.6 给图片中的模特一键换装

【效果对比】用户如果对模特照片中的穿搭效果不满意，可以使用"创成式填充"功能更换相应的服装，原图与效果图对比如图4-32所示。

图 4-32 原图与效果图对比

下面介绍在PS AI中给广告图片中的模特一键换装的具体操作方法。

步骤01 选择"文件"|"打开"命令，打开一张素材图片，选取工具箱中的套索工具 ⊘，创建一个选区，如图4-33所示。

步骤02 在输入框中输入提示词"衬衫"，如图4-34所示。

图 4-33 创建选区　　　　　图 4-34 输入相应的提示词

【AI设计】
第4章　AI广告设计：设计创意产品，让品牌形象深入人心

步骤03 执行操作后，单击"生成"按钮，如图4-35所示。
步骤04 稍等片刻，即可生成相应的服装图像，效果如图4-36所示。

图 4-35　单击"生成"按钮　　　　　　　图 4-36　最终效果

4.2　使用 PS AI 进行产品广告设计

在商业广告设计中，汽车海报作为一种重要的宣传手段，对于塑造品牌形象、展示产品特点，以及吸引潜在的消费者起着至关重要的作用。随着科技的进步和设计理念的不断创新，传统的汽车海报设计已经无法满足现代市场的多样化需求。

【效果对比】结合Photoshop与人工智能技术，可以为汽车海报设计注入新的创意，打造出更具吸引力的汽车海报，原图与效果图对比如图4-37所示。

图 4-37　原图与效果图对比

81

4.2.1 去除图像中多余的元素

在汽车海报素材图像中，如果画面中有干扰视线的元素，可以使用PS AI中的移除工具 ，一键智能去除这些多余的元素，使汽车海报更加吸引眼球，具体操作方法如下。

步骤01 选择"文件"|"打开"命令，打开一张素材图像，如图4-38所示。

步骤02 选取移除工具 ，在工具属性栏中设置"大小"为30，调整移除工具 的笔触大小，如图4-39所示。

图4-38 打开一张素材图像

图4-39 设置"大小"参数

步骤03 移动鼠标指针至画面中的飞鸟处，按住鼠标左键并拖曳，对图像进行涂抹，用鼠标涂抹过的区域呈淡红色，如图4-40所示。

步骤04 释放鼠标左键，即可去除飞鸟元素。使用相同的操作方法，去除画面中其他的多余元素，为后面添加宣传文字留出空间，效果如图4-41所示。

图4-40 对飞鸟图像进行涂抹

图4-41 去除多余元素后的图像效果

4.2.2 替换海报的天空效果

在汽车海报的后期处理中，选择合适的天空样式，可以更好地突出汽车主体对象，让天空的颜色和光影可以与汽车形成良好的对比。使用PS AI的"天空"命令并结合"创成式填充"功能，可以在天空中加入戏剧性的晚霞效果，以营造出奇幻的氛围感，具体操作方法如下。

步骤 01 在菜单栏中，选择"选择"|"天空"命令，如图4-42所示。

步骤 02 执行操作后，即可自动选中图像中的天空部分，如图4-43所示。

图 4-42 选择"天空"命令 　　　　　图 4-43 选中图像中的天空部分

步骤 03 在浮动工具栏中单击"创成式填充"按钮，输入"美丽的晚霞"，并单击"生成"按钮，如图4-44所示。

步骤 04 稍等片刻，即可在天空中生成晚霞图像，效果如图4-45所示。

图 4-44 单击"生成"按钮 　　　　　图 4-45 生成晚霞图像效果

4.2.3 增强图像的暖色调效果

在汽车海报设计中，色彩的运用至关重要，PS AI作为一款功能强大的图像处理软件，内置众多预设效果。其中，通过应用"暖色调"预设，可以轻松地调整汽车海报的色调和色温，使其呈现出更加温暖、柔和的视觉效果，具体操作方法如下。

步骤01 在菜单栏中，选择"窗口"|"调整"命令，如图4-46所示。

步骤02 执行操作后，即可展开"调整"面板，在其中展开"调整预设"选项区，并单击"更多"按钮，如图4-47所示。

图4-46 单击"调整"命令 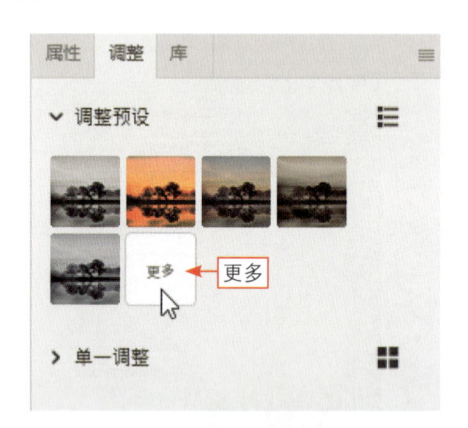　　图4-47 单击"更多"按钮

步骤03 执行操作后，展开"风景"选项区，选择"暖色调"选项，如图4-48所示。暖色调常常被用来营造温馨、舒适和活力的视觉氛围。

步骤04 执行操作后，即可增强画面的暖色调效果，如图4-49所示。

图4-48 选择"暖色调"选项 　　图4-49 增强画面的暖色调效果

步骤05 选择"文件"|"打开"命令，打开海报文字素材，如图4-50所示。

步骤06 选取工具箱中的移动工具 ✥，选中文字元素并将其拖至汽车海报图像编辑窗口中的合适位置，为海报添加宣传文字，增强海报的视觉效果和吸引力，如图4-51所示。

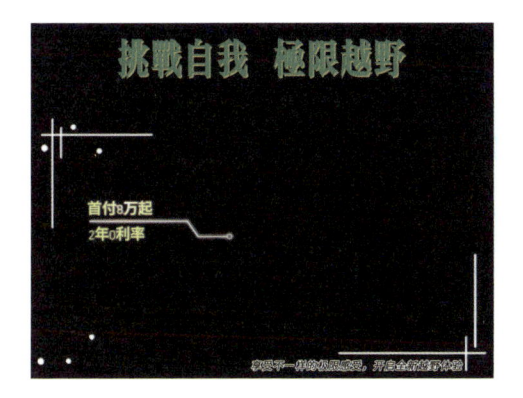

图 4-50　打开海报文字素材　　　　　图 4-51　为海报添加文字效果

4.3　使用 PS AI 进行产品包装设计

【效果展示】手提袋包装是品牌的传播媒介，通过独特的设计，可以让手提袋成为行走的广告，提升品牌的知名度。本实例的最终效果如图4-52所示。

图 4-52　效果展示

4.3.1 制作手提袋背景与文字

通过制作出色彩鲜明的手提袋背景与品牌广告文字，可以将品牌形象传达给消费者。下面介绍制作手提袋背景与文字效果的方法。

步骤 01 选择"文件"|"新建"命令，弹出"新建文档"对话框，设置"名称"为"手提袋包装"、"宽度"为593像素、"高度"为768像素、"分辨率"为150像素/英寸、"背景内容"为"白色"，单击"创建"按钮，如图4-53所示。

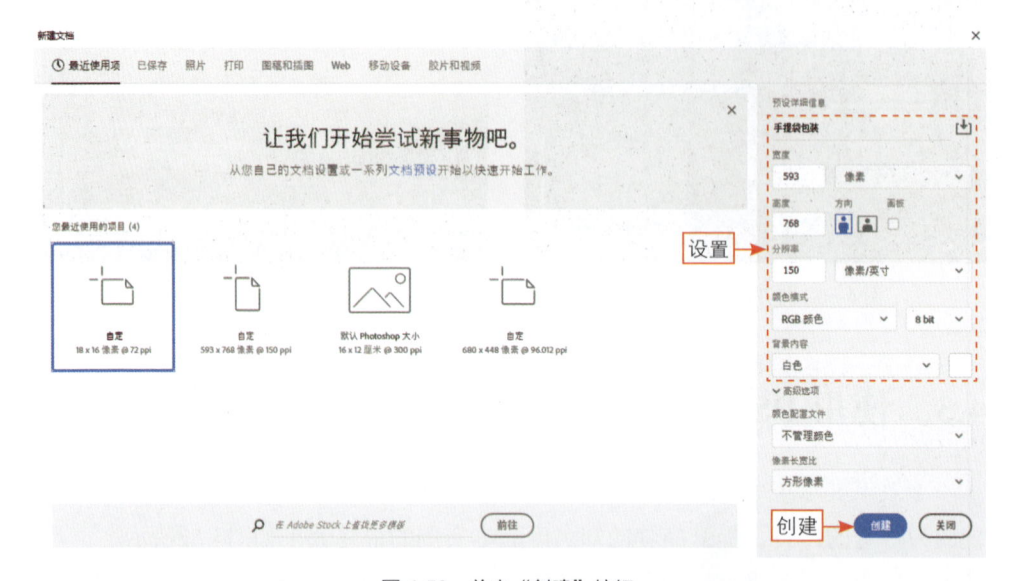

图 4-53 单击"创建"按钮

步骤 02 新建一个空白图像，选取工具箱中的渐变工具，在工具属性栏中设置"对当前图层应用渐变"为"经典渐变"，单击右侧的渐变条，弹出"渐变编辑器"对话框，设置从青绿色（RGB参数值为0、126、128）到深绿色（RGB参数值为0、63、64）的渐变色，单击"确定"按钮，如图4-54所示。

步骤 03 新建"图层1"图层，在工具属性栏中单击"径向渐变"按钮，将鼠标指针移至图像编辑窗口中的合适位置，按住鼠标左键从中间向下方拖曳，至合适的位置后释放鼠标左键，即可填充渐变色，效果如图4-55所示。

步骤 04 打开本案例第1个素材图像，运用移动工具将素材图像拖至"手提袋包装"图像编辑窗口中，适当调整图像的大小和位置，效果如图4-56所示。

步骤 05 选择"图层"|"图层样式"|"描边"命令，弹出"图层样式"对话框，在右侧设置"大小"为3像素、"位置"为"外部"、"颜色"为白色，单击"确定"按钮，为图像添加描边效果，如图4-57所示。

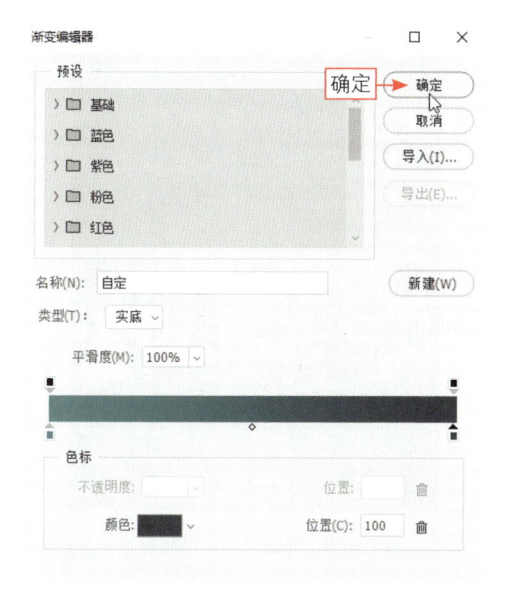

【AI设计】
第4章 AI广告设计：设计创意产品，让品牌形象深入人心

图 4-54 设置从青绿色到深绿色的渐变色　　　图 4-55 新建图层并填充渐变色

图 4-56 调整图像的大小和位置 　　　图 4-57 为图像添加描边效果

步骤 06 打开本案例的第2个素材图像，如图4-58所示。

步骤 07 在"图层"面板中，选择所有文字图层，复制并粘贴至"手提袋包装"图像编辑窗口中，适当调整其位置，效果如图4-59所示。

87

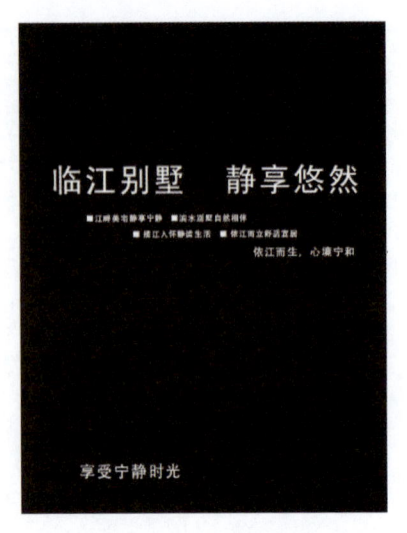

图4-58　打开素材图像　　　　　　　　图4-59　复制并原位粘贴素材

4.3.2　利用AI生成房地产LOGO

使用PS中的"创成式填充"功能，可以在手提袋包装上生成房地产LOGO与相应的图片效果，使手提袋包装更具品牌价值，具体操作步骤如下。

扫码看教学视频

步骤01　选取工具箱中的矩形选框工具，在上方适当的位置创建一个矩形选区，在下方的工具栏中单击"创成式填充"按钮，如图4-60所示。

步骤02　在工具栏中输入相应的提示词，单击"生成"按钮，如图4-61所示。

图4-60　单击"创成式填充"按钮　　　　图4-61　单击"生成"按钮（1）

【AI设计】
第4章 AI广告设计：设计创意产品，让品牌形象深入人心

步骤03 执行操作后，即可生成相应的图像效果，如图4-62所示。

步骤04 再次运用矩形选框工具在图像的右下角创建一个矩形选区，单击"创成式填充"按钮，输入相应的提示词，单击"生成"按钮，如图4-63所示。

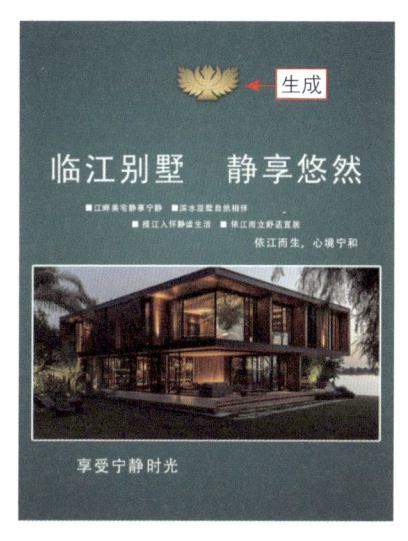

图4-62 生成相应的图像效果（1） 　　图4-63 单击"生成"按钮（2）

步骤05 执行操作后，即可生成相应的图像效果，如图4-64所示。

步骤06 按【Ctrl+Shift+Alt+E】组合键，盖印图层，得到"图层3"图层。打开本案例的第3个素材图像，在"图层"面板中选择相应的文字图层，复制并粘贴至"手提袋包装"图像编辑窗口中，适当调整其位置，效果如图4-65所示。

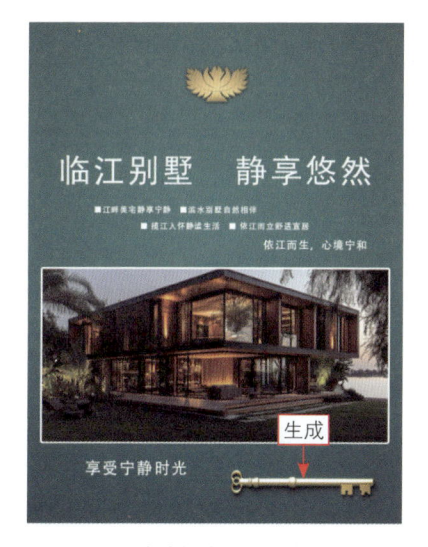

图4-64 生成相应的图像效果（2） 　　图4-65 复制并粘贴文字素材

89

4.3.3 制作手提袋立体效果

下面首先对所有图层进行盖印操作，然后运用"扭曲"命令、钢笔工具及"描边"命令等，制作出手提袋包装的立体效果，具体操作步骤如下。

步骤01 选择"文件"|"打开"命令，然后打开本案例的第4个素材图像，如图4-66所示。

步骤02 确认"手提袋包装"为当前图像编辑窗口，按【Ctrl+Alt+Shift+E】组合键，盖印图层，得到"图层4"图层，如图4-67所示。

图 4-66 打开一幅素材图像　　　　　图 4-67 盖印图层

步骤03 运用移动工具将该图像移至第4个素材图像的图像编辑窗口中，此时"图层"面板中将自动生成"图层1"图层。按【Ctrl+T】组合键，调出变换控制框，拖曳图像四周的控制柄，调整图像的大小和位置，按【Enter】键确认变换，效果如图4-68所示。

步骤04 选择"编辑"|"变换"|"扭曲"命令，调出变换控制框，依次向下和向上拖曳右上角和右下角的控制柄，扭曲图像，按【Enter】键确认变换操作，效果如图4-69所示。

步骤05 打开本案例第5个素材图像，运用移动工具将素材图像拖至第4个素材的图像编辑窗口中，适当调整图像的位置，效果如图4-70所示。

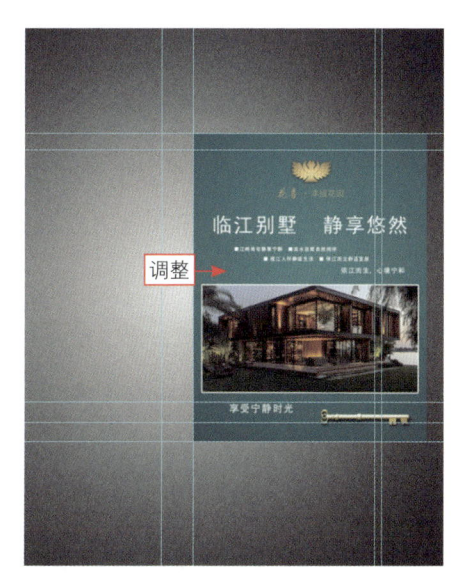

图 4-68　调整图像的大小和位置 　　　　　　图 4-69　扭曲与变换图像

步骤 06 展开"图层"面板,在"背景"图层上方新建"图层3"图层,选取工具箱中的钢笔工具 ,在图像编辑窗口中创建一条曲线路径,按【Ctrl+Enter】组合键,将路径转换为选区。选择"编辑"|"描边"命令,弹出"描边"对话框,设置"宽度"为3像素、"颜色"为白色,单击"确定"按钮,即可描边选区,然后取消选区,效果如图4-71所示。

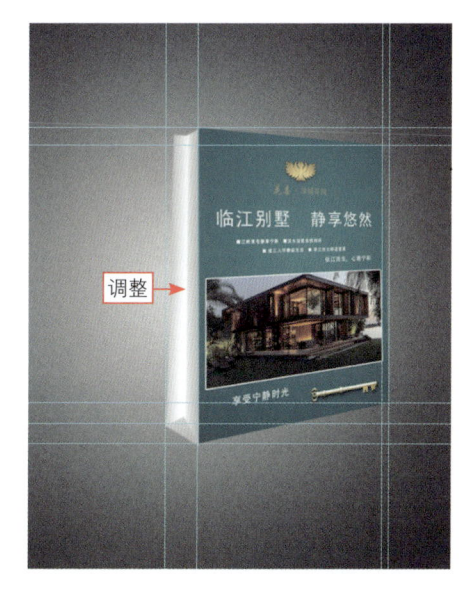

图 4-70　适当调整图像的位置 　　　　　　图 4-71　创建曲线路径并描边选区

步骤 07 复制"图层3"图层，得到"图层3 拷贝"图层，移动图像至合适的位置，效果如图4-72所示。

步骤 08 在"图层"面板中，复制"图层1"图层，得到"图层1 拷贝"图层。按【Ctrl+T】组合键，调出变换控制框，单击鼠标右键，在弹出的快捷菜单中选择"垂直翻转"命令，垂直翻转图像，再适当调整图像的位置，效果如图4-73所示。

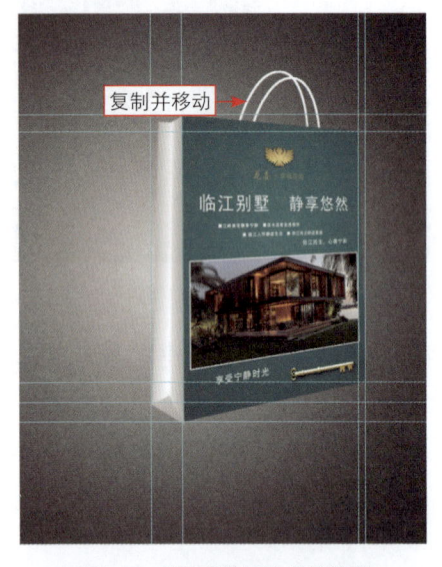

图 4-72 移动图像至合适的位置　　　　图 4-73 翻转图像并调整位置

步骤 09 按【Ctrl+T】组合键，再次调出变换控制框，在控制框内单击鼠标右键，在弹出的快捷菜单中选择"斜切"命令，将鼠标指针移至右侧的控制点上，按住鼠标左键向上拖曳，对图像进行斜切操作，按【Enter】键确认，效果如图4-74所示。

步骤 10 为"图层1 拷贝"图层添加图层蒙版，使用渐变工具■从下至上填充黑白线性渐变色，制作出倒影效果，如图4-75所示。

步骤 11 复制"图层2"图层，得到"图层2 拷贝"图层，用同样的操作方法，将其调整至合适的位置，并制作出倒影效果，效果如图4-76所示。

步骤 12 在"图层"面板中，选择除"背景"图层以外的所有图层，按【Ctrl+G】组合键进行编组，得到"组1"组；复制"组1"组，得到"组1 拷贝"组，然后适当调整图像的位置，按【Ctrl+H】组合键，隐藏辅助线，效果如图4-77所示。

【AI设计】
第4章 AI广告设计：设计创意产品，让品牌形象深入人心

图 4-74 对图像进行斜切操作

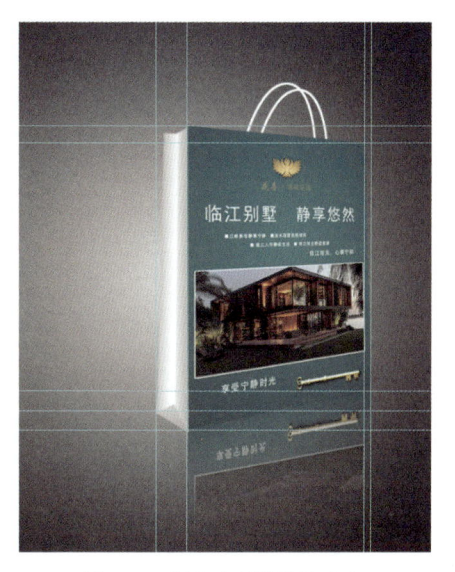

图 4-75 制作出倒影效果（1）

图 4-76 制作出倒影效果（2）

图 4-77 隐藏辅助线

4.4 使用 Midjourney 进行商业海报设计

【效果展示】商业海报是一种通过视觉元素快速传达商业信息的印刷品或数字媒体展示，旨在吸引目标受众的注意并激发其兴趣或行动。本节将介绍使用 Midjourney 进行商业海报设计的操作方法，最终效果如图4-78所示。

93

图 4-78　效果展示

4.4.1　绘制海报背景图

首先使用Midjourney绘制海报的背景图。商业海报需要能够在众多宣传海报中脱颖而出，吸引目标受众的注意力。它通常采用鲜明的色彩、吸引人的图像和引人注目的设计元素，以立即吸引客户的目光，下面介绍具体的制作方法。

步骤 01　在Midjourney中，通过imagine指令输入相应的提示词，如"Indoor scene with gift boxes and balloons placed（大意为：室内场景，摆放着礼品盒，气球），并设定比例为16∶9"，如图4-79所示。

图 4-79　输入相应的提示词

步骤 02　按【Enter】键确认，Midjourney即可按照提示词生成海报背景图，选择第3张进行放大，单击U3按钮，如图4-80所示。

步骤 03　执行操作后，Midjourney将在第3张图片的基础上进行更加精细的刻画，并放大图片，效果如图4-81所示。

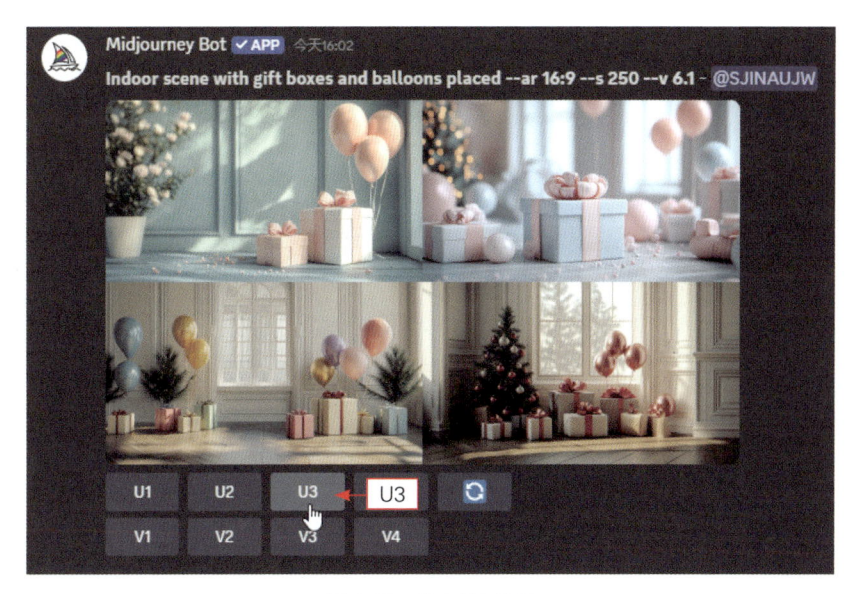

【AI设计】
第4章 AI广告设计：设计创意产品，让品牌形象深入人心

图 4-80　单击 U3 按钮

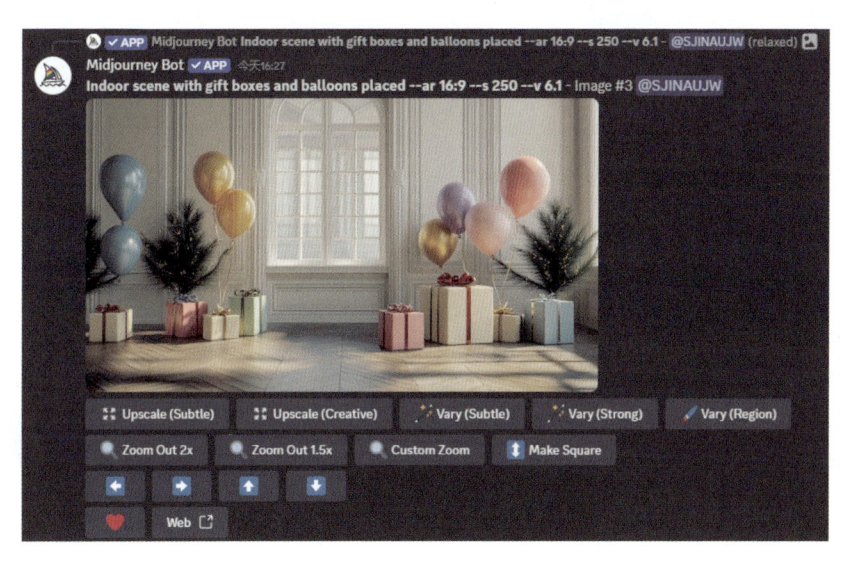

图 4-81　放大图片的效果

4.4.2　绘制品牌IP形象

品牌IP形象可以成为品牌的视觉代表，通过独特、可辨识的形象特征，帮助客户快速识别和辨认品牌。它能够在众多竞争品牌中脱颖而出，增加品牌的曝光度和辨识度。下面介绍绘制品牌IP形象的操作方法。

扫码看教学视频

95

步骤01 在imagine指令下文的prompt文本框中输入提示词"White little mouse, personified, cute, vivid, 3D, chubby, furry, festive（大意为：白色的小老鼠，拟人化，可爱，生动形象，3D，肥胖，毛茸茸，喜庆）"，并设定比例为16：9，如图4-82所示。

图 4-82 输入相应的提示词

步骤02 按【Enter】键确认，Midjourney即可按照提示词生成品牌IP形象，如图4-83所示。

图 4-83 生成品牌 IP 形象

步骤03 选择第3张图片进行放大，单击U3按钮，如图4-84所示。

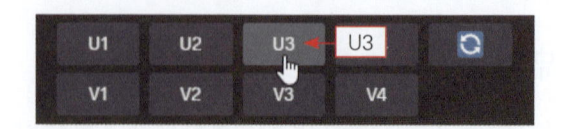

图 4-84 单击 U3 按钮

步骤04 执行操作后，Midjourney将在第3张图片的基础上进行更加精细的刻画，并放大图片，效果如图4-85所示。

【AI设计】
第4章　AI广告设计：设计创意产品，让品牌形象深入人心

图 4-85　放大图片的效果

4.4.3　使用混合模式合成海报

使用blend（混合）指令可以将海报背景图和品牌IP形象相结合，生成促销海报，下面介绍具体的操作方法。

扫码看教学视频

步骤 01 在Midjourney中选择blend指令，将海报背景图和品牌IP形象依次上传，如图4-86所示。

图 4-86　上传海报背景图和品牌 IP 形象

97

步骤02 按【Enter】键确认，即可将两张图片结合，效果如图4-87所示。

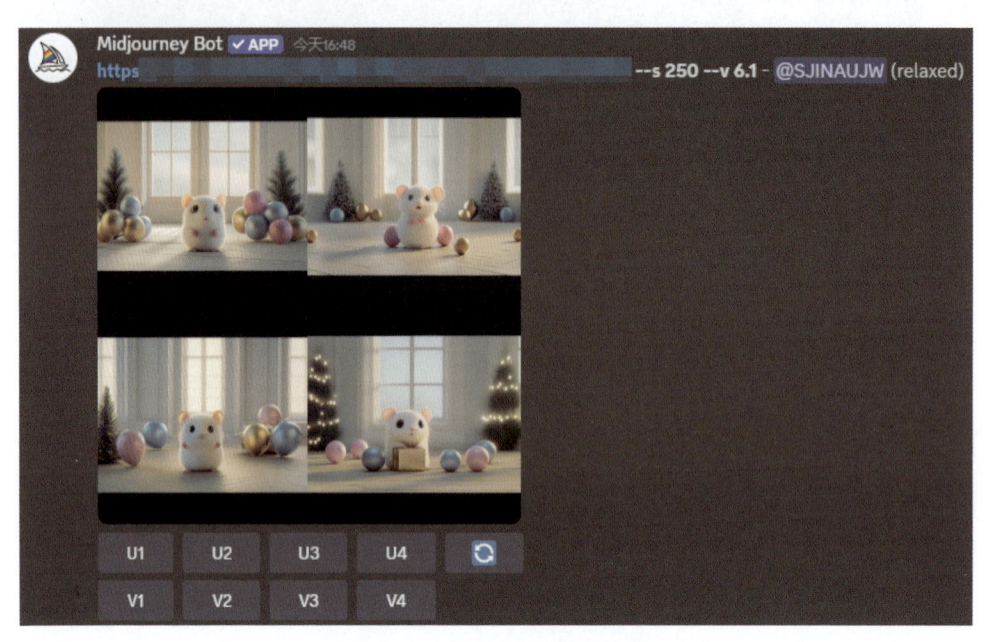

图4-87 将两张图片结合的效果

步骤03 使用命令参数，将海报比例设置为16：9并放大，效果如图4-88所示。

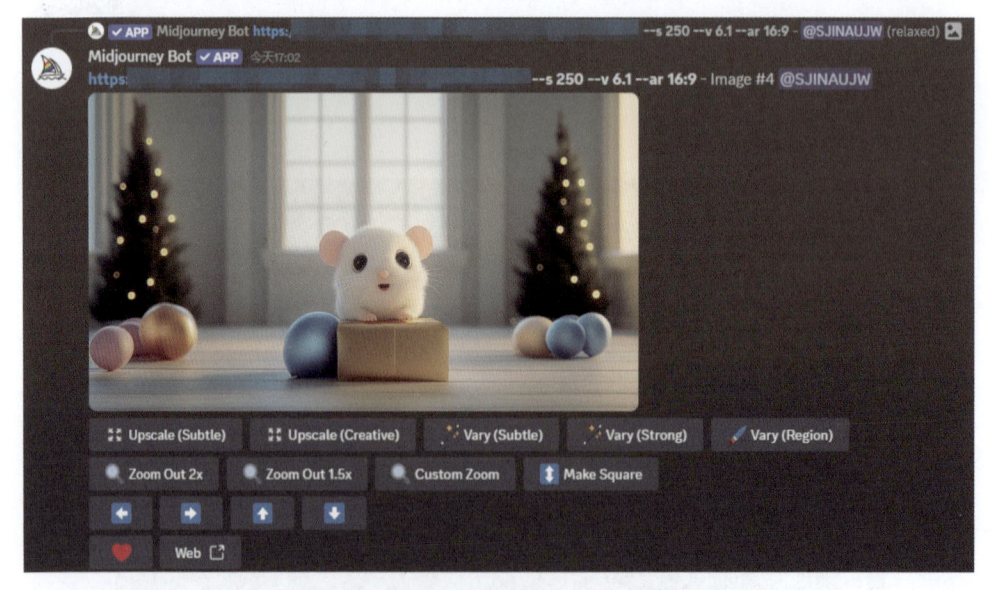

图4-88 将海报比例设置为16：9并放大

步骤04 为海报添加相应的文本内容，即可得到最终效果。

【AI 视频与直播】

第 5 章　AI 电商视频：制作精美的产品视频，吸引用户关注

AI可以通过人工智能技术，将商品图片、文字描述等信息自动转换成具有吸引力、专业水准的视频内容，以提升电商平台的商品展示效果和用户体验。本章将详细讲解AI电商视频的相关知识，帮助用户制作出精美的AI电商产品视频。

5.1　使用 FlexClip 生成主图视频

【效果展示】主图视频吸引力的大小，很大程度上决定了用户是否会继续浏览商品，因此要想提升商品的点击量，主图视频的制作是至关重要的。本节主要以 FlexClip 为例，介绍主图视频的制作方法，效果如图5-1所示。

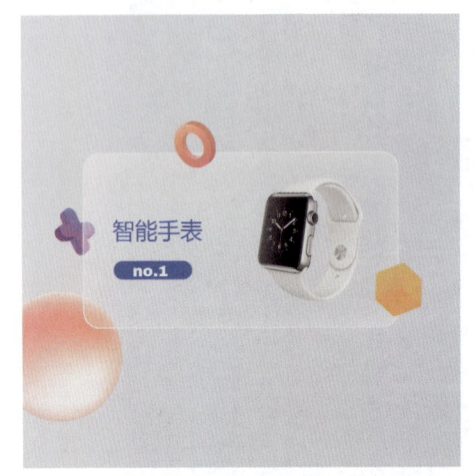

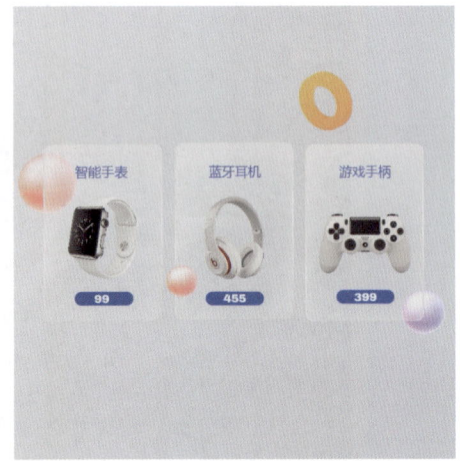

图 5-1　效果展示

5.1.1　一键生成主图视频

下面主要利用 FlexClip 的视频模板，一键生成破壁机主图视频，具体操作方法如下。

扫码看教学视频

步骤 01　登录 FlexClip 平台并进入 Home 页面（主界面），单击 Templates（模板）按钮，切换至 Templates 选项卡，如图5-2所示。

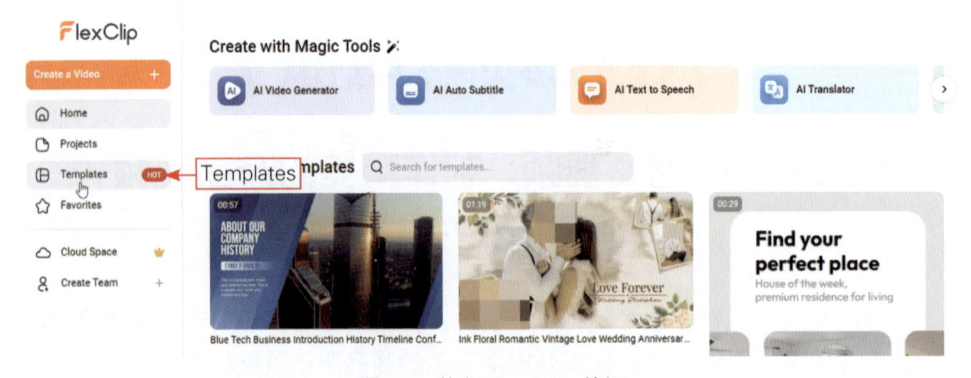

图 5-2　单击 Templates 按钮

【AI视频与直播】
第5章　AI电商视频：制作精美的产品视频，吸引用户关注

步骤 02 单击Business & Services（商业与服务）下拉按钮，在弹出的列表框中选择Ecommerce（电子商务）选项，如图5-3所示。

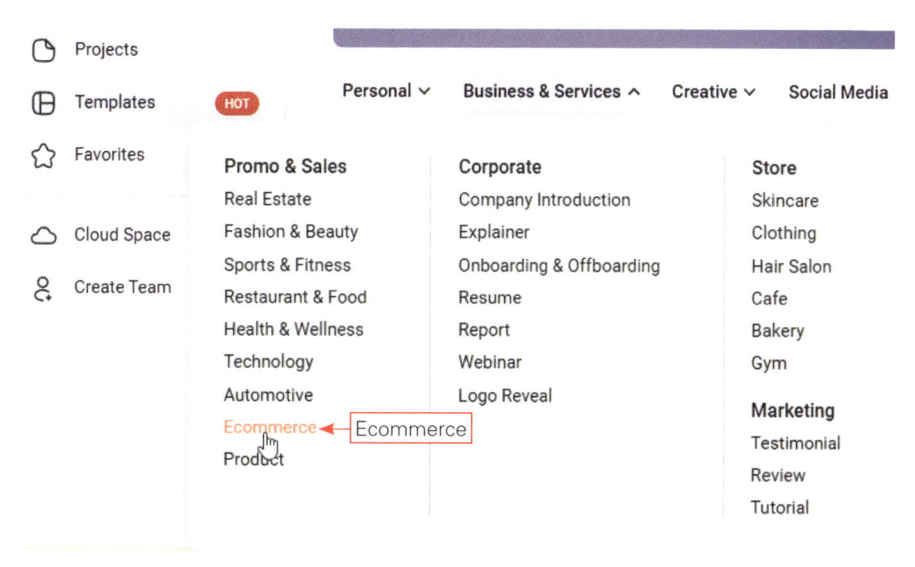

图 5-3　选择 Ecommerce 选项

步骤 03 执行操作后，显示所有的Ecommerce模板，选择相应的模板类型，单击Customize（定制）按钮，如图5-4所示。

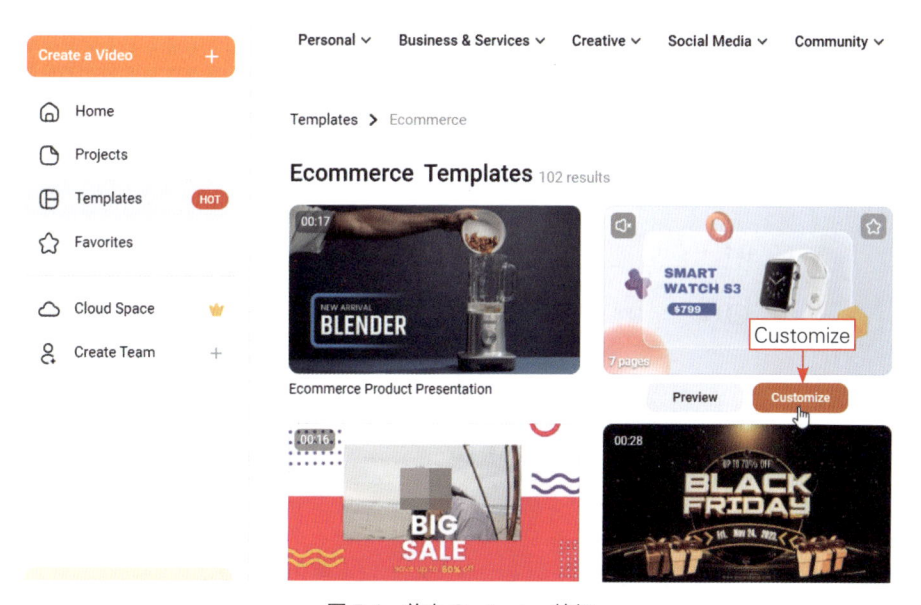

图 5-4　单击 Customize 按钮

步骤 04 执行操作后，即可生成相应的视频，如图5-5所示。

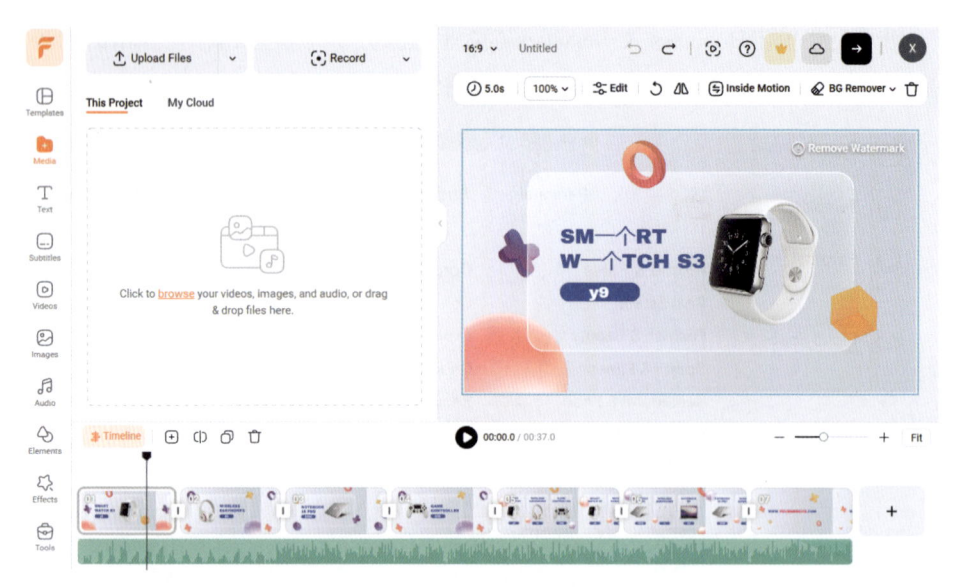

图 5-5 生成相应的视频

5.1.2 设置视频的横纵比

主图视频的横纵比与主图类似，通常为1∶1。当然，特殊情况下也可以使用16∶9或3∶4的横纵比。下面介绍设置视频横纵比的操作方法。

扫码看教学视频

步骤01 在FlexClip的视频编辑页面中，单击左上角的16∶9（此处为视频模板的默认横纵比）按钮，如图5-6所示。

步骤02 执行操作后，在弹出的列表中选择1∶1选项，如图5-7所示。

图 5-6 单击16∶9按钮　　　　　图 5-7 选择1∶1选项

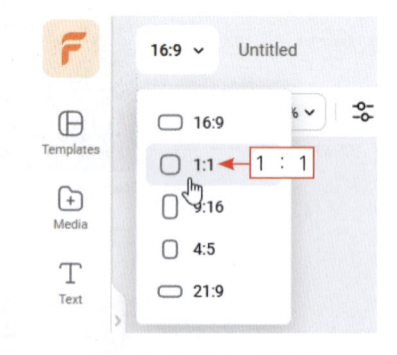

步骤03 执行操作后，即可改变预览窗口中视频的横纵比，效果如图5-8所示。

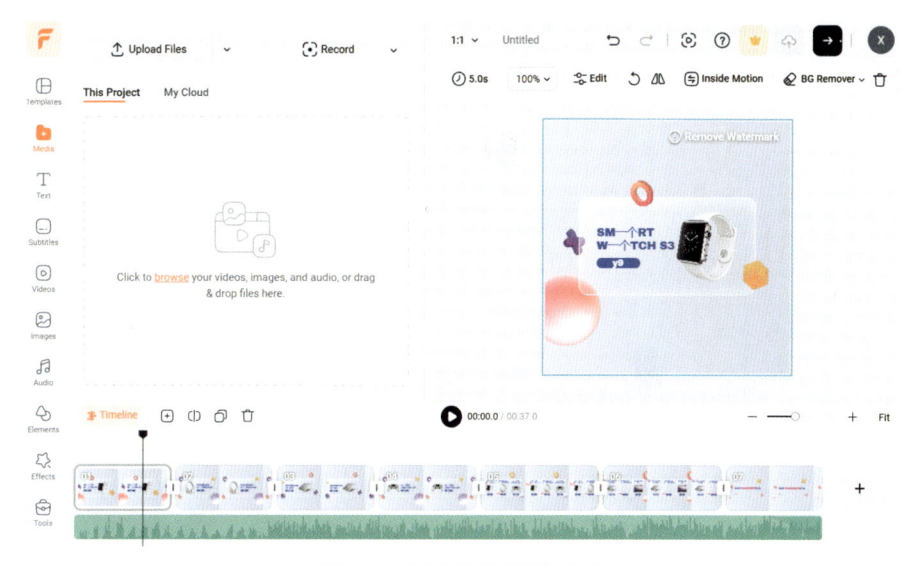

图 5-8　改变视频的横纵比效果

5.1.3　更换视频文案内容

下面将模板视频中的文案替换为自己的商品宣传文案，让文案内容更加符合主图视频的推广要求，具体操作方法如下。

步骤 01　在预览窗口中，双击相应的文字，如图5-9所示。

步骤 02　执行操作后，将显示该文字的文本框，删除文本框中的文字内容，重新输入合适的文字内容，如图5-10所示。

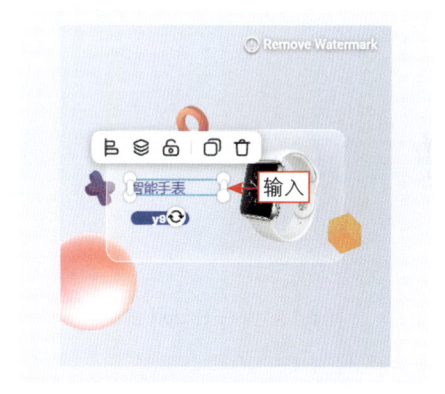

图 5-9　双击相应的文字　　　　图 5-10　输入合适的文字内容

步骤 03　在预览窗口上方，设置文字大小为55，改变视频中的文字大小，如图5-11所示。

步骤 04 使用同样的操作方法，修改各个视频片段中的文字内容，效果如图5-12所示。

图 5-11　改变视频中的文字大小 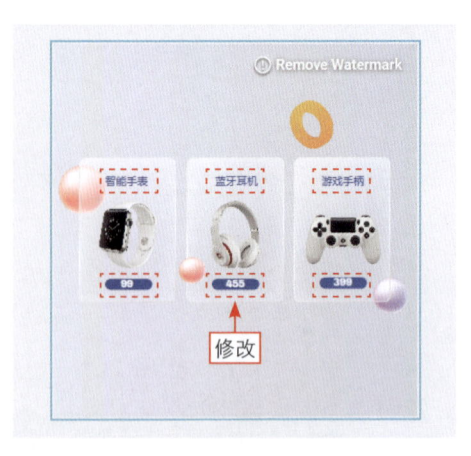　　　　图 5-12　修改其他文字内容

步骤 05 执行操作后，单击右上角的Export（导出）按钮，如图5-13所示。

步骤 06 执行操作后，弹出Export Settings（导出设置）对话框，单击Export With Watermark（带水印导出）按钮，如图5-14所示。注意，只有订阅会员才能导出无水印的1080P高清视频。

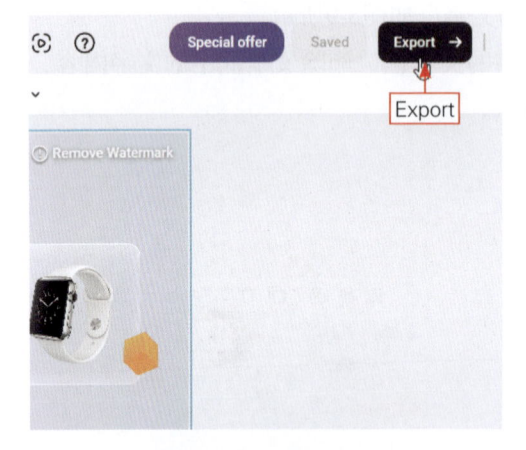

图 5-13　单击 Export 按钮 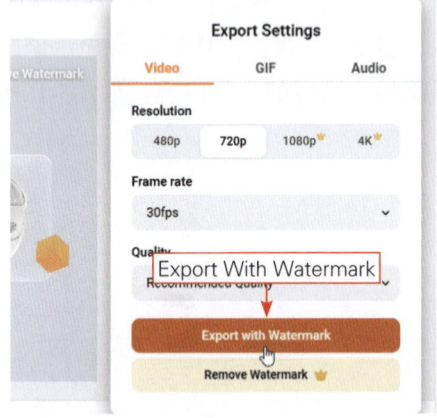　　　　图 5-14　单击 Export With Watermark 按钮

5.2　使用剪映生成产品介绍视频

【效果展示】产品介绍视频是通过视觉与听觉相结合的方式，展示产品特

点、功能、优势及适用场景等的多媒体内容，旨在吸引潜在客户并促进销售。大家可以使用剪映来生成产品介绍视频，效果如图5-15所示。

图 5-15　效果展示

5.2.1　生成视频文案

在"图文成片"界面中，用户可以让AI根据产品信息来创作视频文案。创作完成后，用户可以选择一篇比较满意的文案，并适当进行调整，从而优化文案。下面介绍生成视频文案的具体操作方法。

扫码看教学视频

步骤01 打开剪映电脑版，在首页单击"图文成片"按钮，如图5-16所示。

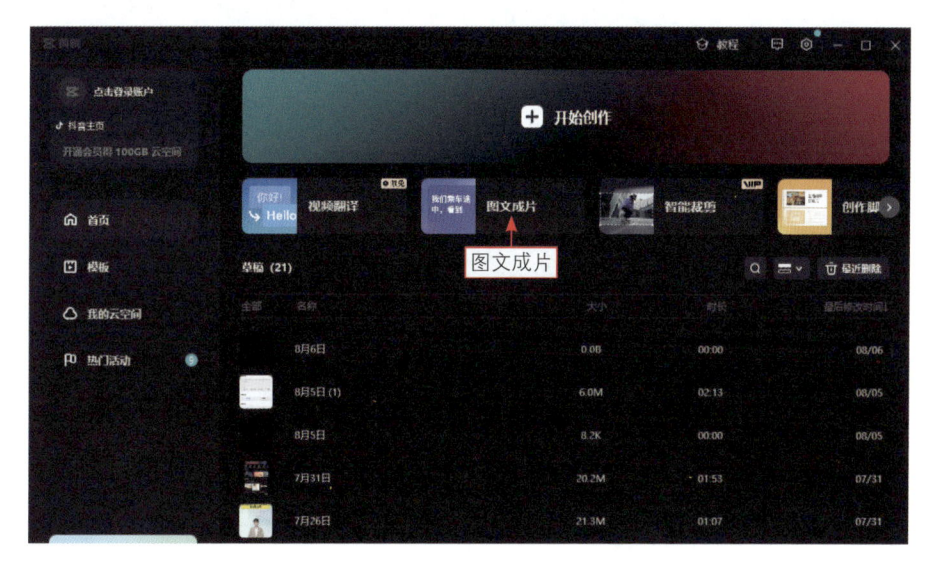

图 5-16　单击"图文成片"按钮

步骤02 弹出"图文成片"对话框，在该对话框中选择要编写的AI文案所属的类型，并对AI文案的生成信息进行设置，单击"生成文案"按钮，如图5-17所示。

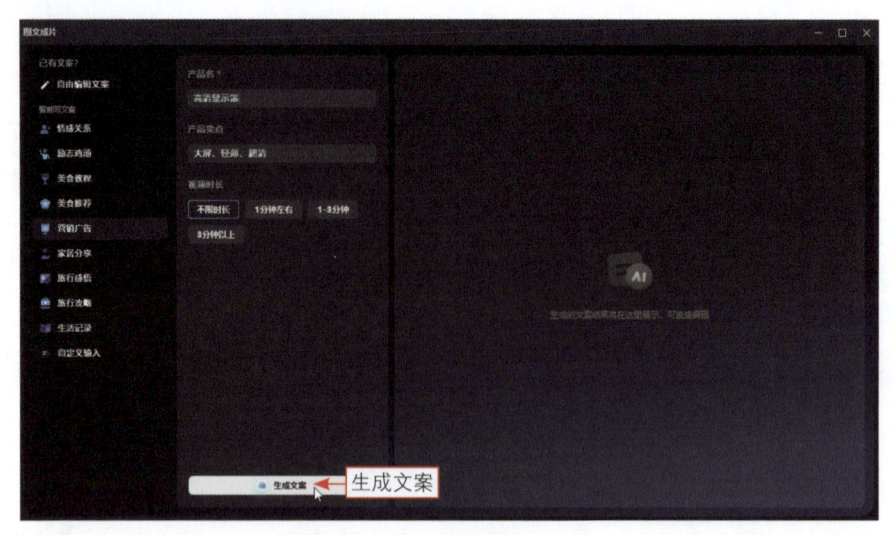

图 5-17 单击"生成文案"按钮

步骤 03 执行操作后，系统会根据要求生成对应的AI文案，如图5-18所示。

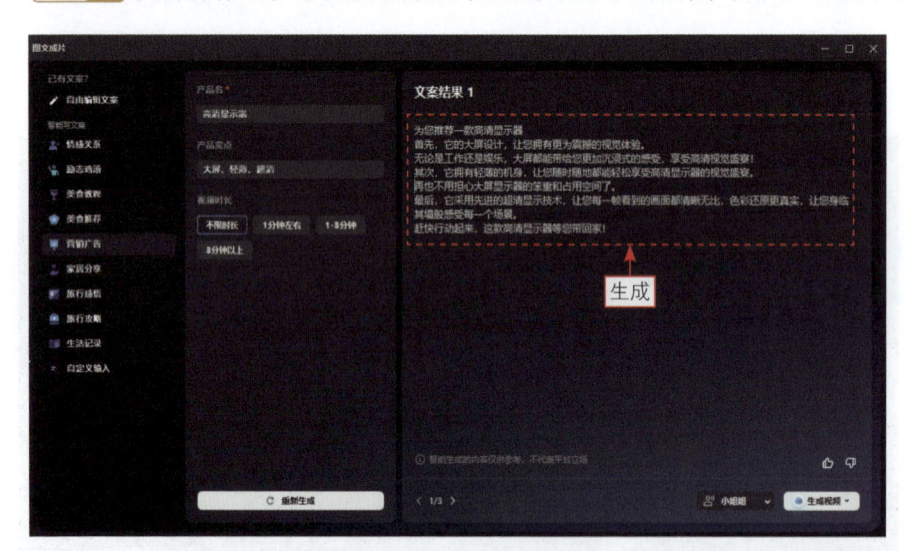

图 5-18 生成对应的 AI 文案

5.2.2 生成视频效果

在获得了产品的AI文案后，即可让剪映根据这段文案生成相应的视频效果。下面介绍生成视频效果的具体操作方法。

步骤 01 单击"图文成片"对话框右下方的"生成视频"按钮，在弹出的列表中选择"智能匹配素材"选项，如图5-19所示。

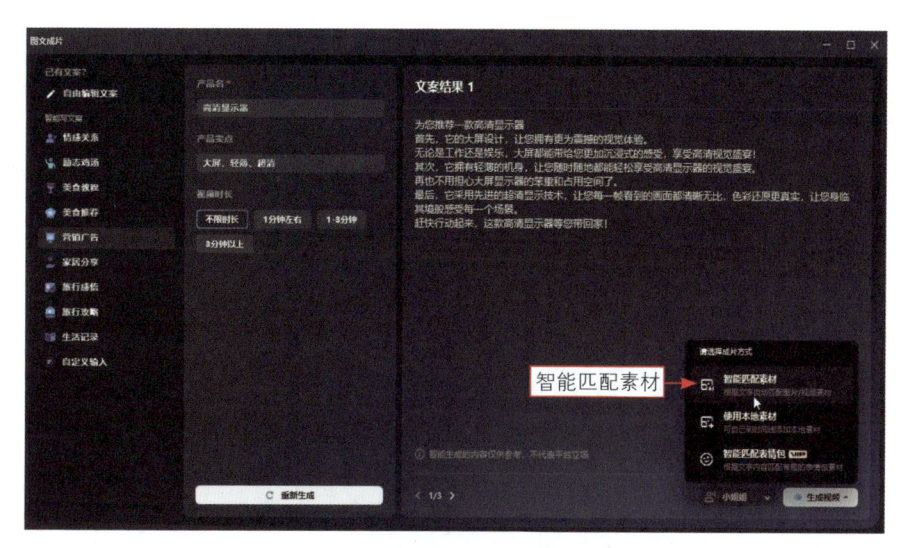

【AI视频与直播】
第5章 AI电商视频：制作精美的产品视频，吸引用户关注

图 5-19 选择"智能匹配素材"选项

步骤 02 执行操作后，即可根据AI文案智能匹配素材，并生成视频的雏形，如图5-20所示。

图 5-20 生成视频的雏形

5.2.3 替换视频素材

在生成了视频的雏形后，用户可以对不合适的视频素材进行替换。下面介绍替换视频素材的具体操作方法。

步骤 01 将鼠标指针定位在相应的素材上，单击鼠标右键，弹出快捷菜单，

107

选择"替换片段"命令,如图5-21所示,将图文不太相符的素材替换掉。

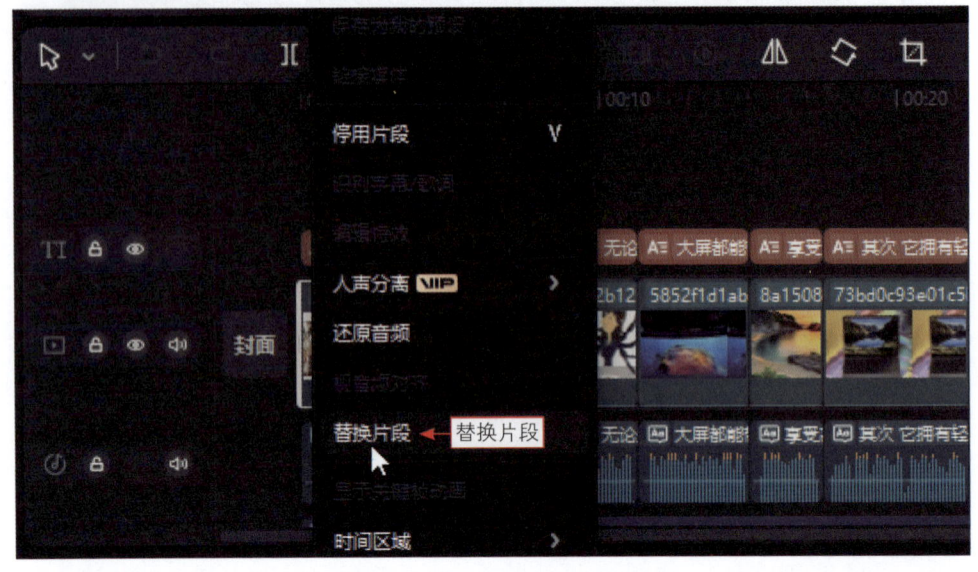

图 5-21 选择"替换片段"命令

步骤 02 执行操作后,在弹出的"请选择媒体资源"对话框中选择相应的图片素材,单击"打开"按钮,如图5-22所示。

步骤 03 弹出"替换"对话框,单击"替换片段"按钮,如图5-23所示。

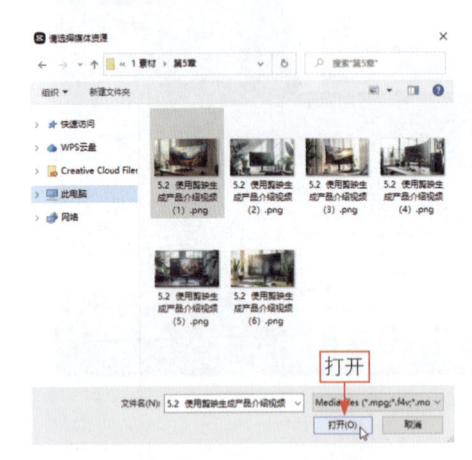

图 5-22 单击"打开"按钮　　　　图 5-23 单击"替换片段"按钮

步骤 04 执行操作后,即可将该图片素材替换到视频片段中,同时导入到"本地"选项卡中,如图5-24所示。

步骤 05 运用同样的方法,将其他不合适的素材替换掉,效果如图5-25所示。

【AI视频与直播】
第5章　AI电商视频：制作精美的产品视频，吸引用户关注

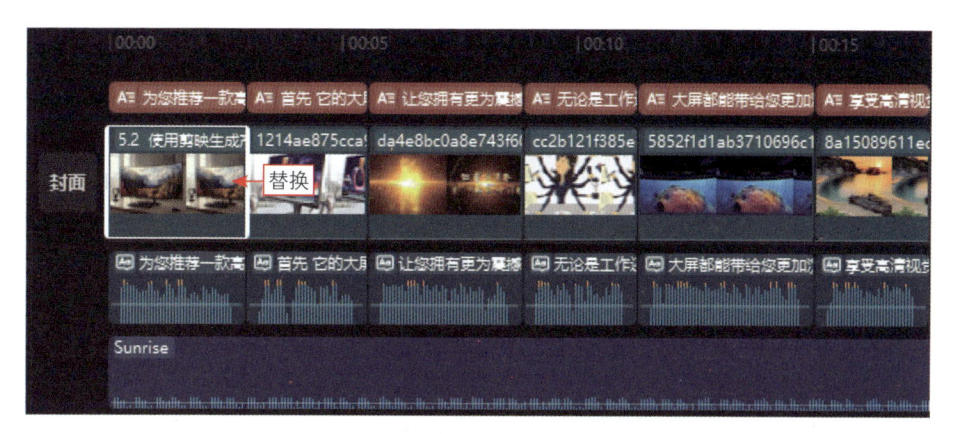

图 5-24　将图片素材替换到视频片段中

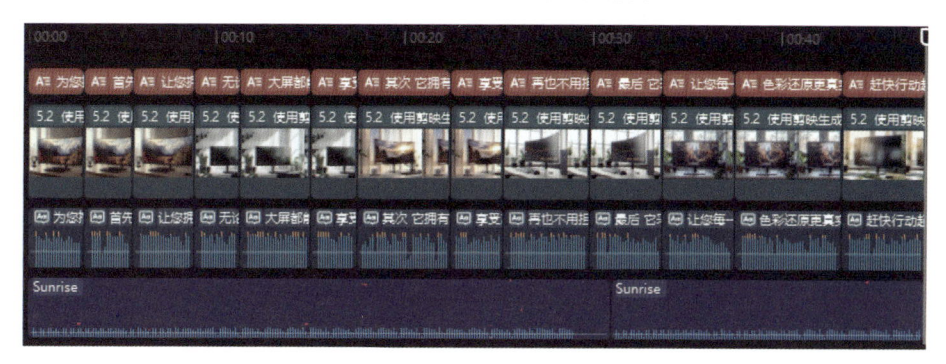

图 5-25　将其他不合适的素材替换掉

步骤 06　单击操作界面右上方的"导出"按钮，如图5-26所示。

步骤 07　弹出"导出"对话框，设置相应的视频信息，然后单击"导出"按钮，如图5-27所示，即可成功导出视频。

图 5-26　单击"导出"按钮（1）　　　　图 5-27　单击"导出"按钮（2）

109

5.3 使用即梦 AI 生成电商视频

使用即梦AI能够快速生成电商视频，利用人工智能技术自动化创作电商视频内容，精准匹配商品特性和品牌故事，以吸引消费者并提升购物体验与转化率。本节将详细介绍如何使用即梦AI生成电商视频。

5.3.1 单图快速生成电商视频

【效果展示】用户可以上传任意图片至即梦AI中，AI模型会根据图片生成动态效果，视频风格与原始图片一致，确保视觉上的连贯性，效果如图5-28所示。

扫码看教学视频

图 5-28 效果展示

下面介绍上传图片生成视频效果的操作方法。

步骤01 进入"视频生成"页面，在"图片生视频"选项卡中单击"上传图片"按钮，如图5-29所示。

步骤02 执行操作后，弹出"打开"对话框，选择相应的图片素材，单击"打开"按钮，如图5-30所示。

图 5-29 单击"上传图片"按钮　　图 5-30 单击"打开"按钮

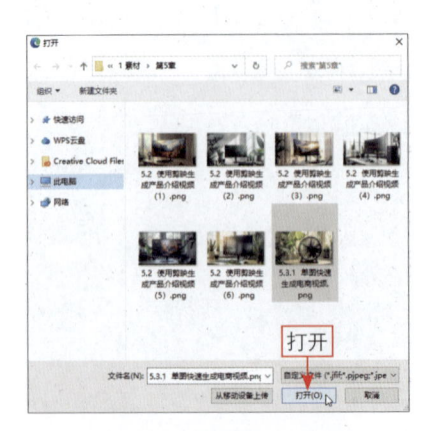

【AI视频与直播】
第5章 AI电商视频：制作精美的产品视频，吸引用户关注

步骤 03 执行操作后，即可将所选的图片素材上传至"图片生视频"选项卡中，如图5-31所示。

步骤 04 单击"运镜控制"下方的"随机运镜"按钮，在弹出的面板中单击"推近"变焦按钮，单击"应用"按钮，如图5-32所示，将视频画面慢慢放大。

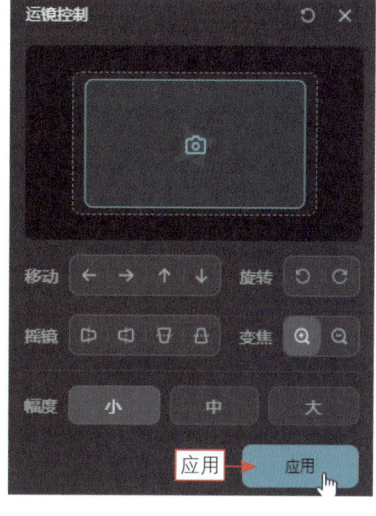

图 5-31 上传至"图片生视频"选项卡中

图 5-32 单击"应用"按钮

步骤 05 单击"生成视频"按钮，AI开始解析图片内容，并根据图片内容生成动态效果，页面右侧显示了视频生成进度，待视频生成完成后，显示生成的视频画面效果，如图5-33所示，将鼠标指针移至视频画面上，即可自动播放AI视频效果。

图 5-33 显示生成的视频画面效果

111

5.3.2　添加尾帧进行图生视频

【效果展示】在即梦AI平台中，使用首帧与尾帧生成视频是一种基于关键帧的动画技术，通常用于动画制作和视频生成，这种方法允许用户定义视频的起始状态（首帧）和结束状态（尾帧），然后AI会在这两个关键帧之间自动生成中间帧，从而创造出流畅的视频效果，如图5-34所示。

扫码看教学视频

图 5-34　效果展示

下面介绍添加尾帧进行图生视频的操作方法。

步骤01 进入"视频生成"页面，在"图片生视频"选项卡中开启"使用尾帧"功能，如图5-35所示。

步骤02 单击"上传首帧图片"按钮，弹出"打开"对话框，在其中选择首帧图片素材，单击"打开"按钮，如图5-36所示。

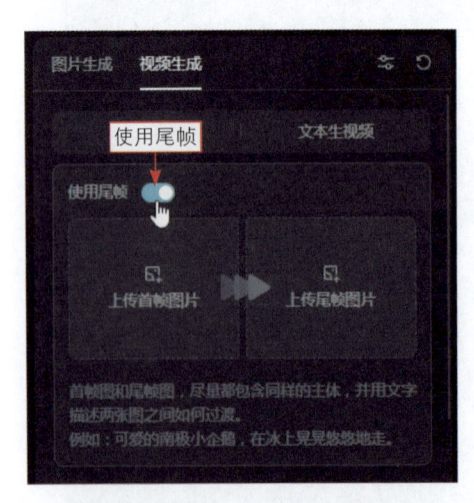

图 5-35　开启"使用尾帧"功能　　　　图 5-36　单击"打开"按钮（1）

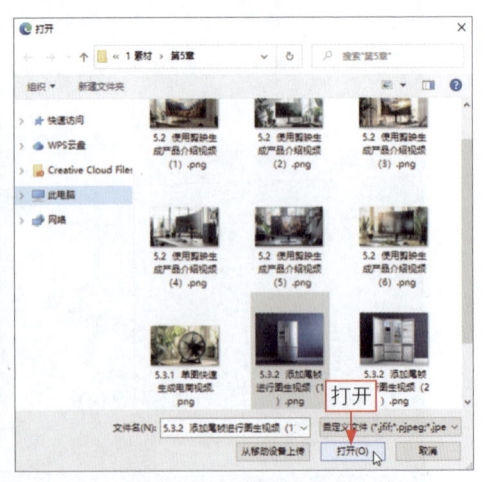

【AI视频与直播】
第5章　AI电商视频：制作精美的产品视频，吸引用户关注

步骤 03　执行操作后，即可上传首帧图片素材，如图5-37所示。

步骤 04　单击"上传尾帧图片"按钮，弹出"打开"对话框，在其中选择尾帧图片素材，单击"打开"按钮，如图5-38所示。

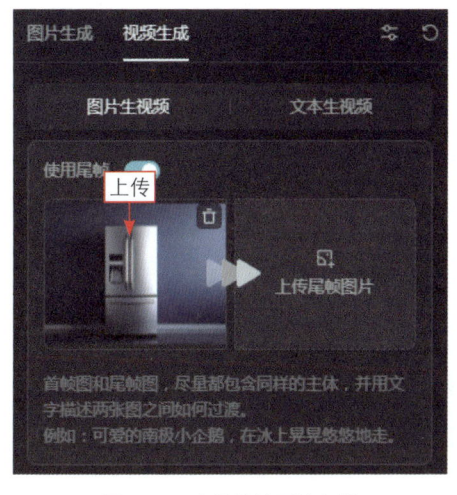

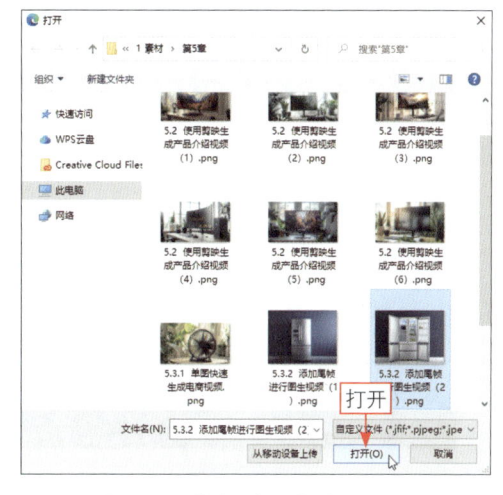

图 5-37　上传首帧图片素材　　　　　　图 5-38　单击"打开"按钮（2）

步骤 05　执行操作后，即可上传尾帧图片素材，如图5-39所示。

步骤 06　设置"生成时长"为6s，单击"生成视频"按钮，如图5-40所示。

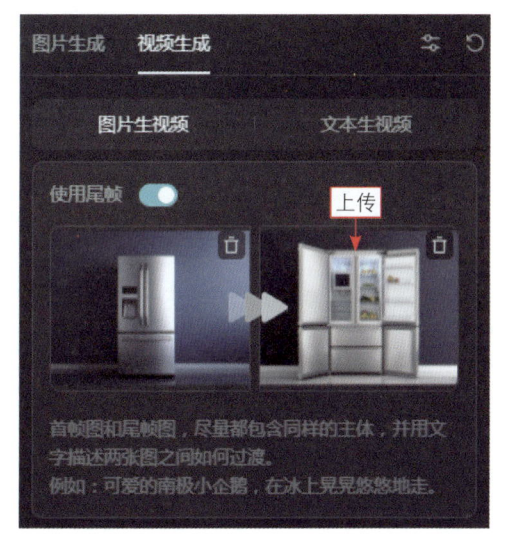

图 5-39　上传尾帧图片素材　　　　　　图 5-40　单击"生成视频"按钮

步骤 07　执行操作后，稍等片刻，即梦AI即可通过首帧与尾帧生成相应的视频效果，如图5-41所示。

步骤08 将视频保存，即可完成视频的制作。

图 5-41 通过首帧与尾帧生成相应的视频

5.3.3 对视频画面进行重新编辑

【效果展示】在即梦AI平台中，如果用户对生成的视频画面不满意，此时可以通过"重新编辑"按钮对视频画面进行重新编辑，修改提示词描述，或者重新设置运镜控制，使生成的视频效果更加符合用户要求，效果如图5-42所示。

扫码看教学视频

图 5-42 效果展示

下面介绍对视频画面进行重新编辑的操作方法。

步骤01 进入"视频生成"页面，在"图片生视频"选项卡中单击"上传图片"按钮，上传一张图片素材，设置"运镜控制"为"变焦推近·小"，设置视频的运镜方式，然后单击"生成视频"按钮，如图5-43所示。

【AI视频与直播】
第5章　AI电商视频：制作精美的产品视频，吸引用户关注

步骤 02 执行操作后，AI开始解析图片内容，并根据图片内容生成动态效果，页面右侧显示了视频生成进度，如图5-44所示。

图 5-43　单击"生成视频"按钮

步骤 03 待视频生成完成后，显示视频的画面效果，将鼠标指针移至视频画面上，即可自动播放AI视频，如果用户对视频效果不满意，则可以单击下方的"重新编辑"按钮，如图5-45所示。

图 5-44　显示视频生成进度　　　　　　图 5-45　单击"重新编辑"按钮

步骤 04 在左侧的"图片生视频"选项卡中，为图片素材输入相应的提示词，如图5-46所示，使生成的视频效果更加符合用户的要求。

步骤 05 设置"运镜控制"为"变焦拉远·小"，使视频画面慢慢缩小，展示更多的背景和环境，如图5-47所示。

115

图 5-46 输入相应的提示词　　　　图 5-47 设置"运镜控制"为"变焦拉远·小"

步骤 06 单击"生成视频"按钮，此时AI开始解析图片与提示词描述，并根据图片与提示词重新生成动态的视频效果，如图5-48所示。

图 5-48 重新生成动态的视频效果

步骤 07 将视频进行保存，即可完成视频的制作。

5.3.4 再次生成同类型的视频

【效果展示】在即梦AI平台中，当用户通过图片生成相应的视频后，如果用户对视频效果不满意，此时可以通过"再次生成"按钮，再次生成相应的视频，该按钮可以快速让AI根据用户上一次上传的图片素材进行

扫码看教学视频

视频创作，效果如图5-49所示。

图 5-49 效果展示

下面介绍再次生成同类型视频的操作方法。

步骤 01 进入"视频生成"页面，在"图片生视频"选项卡中单击"上传图片"按钮，如图5-50所示。

步骤 02 弹出"打开"对话框，在其中选择需要上传的图片素材，单击"打开"按钮，即可将图片素材上传至"视频生成"页面中，如图5-51所示。

图 5-50 单击"上传图片"按钮

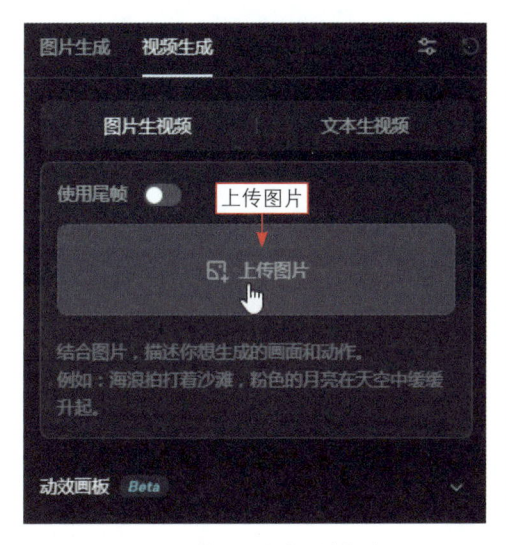

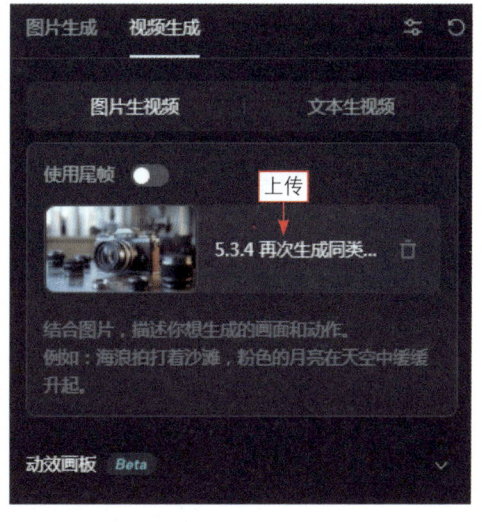

图 5-51 上传至"视频生成"页面中

步骤 03 在上传的图片下方，输入相应的视频提示词，如图5-52所示，引导AI模型生成你想要的视频画面和动作。

步骤 04 设置"运镜控制"为"变焦拉远·小"，如图5-53所示，使视频画面慢慢缩小。

步骤 05 单击"生成视频"按钮，即可开始生成视频，页面右侧显示了视频生成进度，待视频生成完成后，显示了视频的画面效果，将鼠标指针移至视频画面上，即可自动播放AI视频，如图5-54所示。

图 5-52　输入相应的视频提示词　　　　　图 5-53　设置"运镜控制"为"变焦拉远·小"

步骤06 如果用户对该视频效果不满意，可以再次生成视频，只需在视频下方单击"再次生成"按钮，如图5-55所示。

图 5-54　自动播放 AI 视频效果　　　　　图 5-55　单击"再次生成"按钮

步骤07 执行操作后，即可再次生成相应的视频，完成视频的制作。

第 6 章　AI 数字人视频：创造虚拟形象，引领互动营销新风尚

　　AI数字人在多个行业中展现出了广泛的应用前景，随着AI技术的不断进步，AI数字人的智能化水平也在不断提升，行业将迎来更加广阔的发展空间。本章将详细讲解AI数字人的相关知识，帮助大家掌握AI数字人的制作方法。

6.1 认识虚拟数字人

随着科技的快速发展，人们周围的世界正在经历着数字化、虚拟化的变革。在这样的时代背景下，虚拟数字人应运而生，且在各个领域发挥着越来越重要的作用。本节将带领大家深入了解虚拟数字人的定义、优势及其未来的发展趋势，探讨这一前沿技术在现代社会中的价值和潜力。

6.1.1 什么是虚拟数字人

虚拟数字人是运用数字技术创造出来的、与人类形象接近的数字化人物形象。虚拟数字人拥有与真人形象接近的外貌、性格、穿着等特征，同时具备数字人物身份与虚拟角色身份等特征，可作为虚拟偶像、虚拟主播等角色参与各类社会活动。

虚拟数字人的出现得益于人工智能技术的不断发展，从2007年世界上第一个使用全息投影技术举办演唱会的虚拟偶像"初音未来"的出道，到2012年中国本土偶像"洛天依"的诞生，再到2023年在杭州举行的第19届亚洲运动会开幕式上使用数字人作为火炬手，如图6-1所示。

图6-1 杭州亚洲运动会开幕式上的数字人火炬手

如今，虚拟数字人已慢慢走进人们的生活，不仅有助于推动现实社会中活动与交互方式的发展，同时对人们的工作和生活也有着潜在的影响和挑战。

6.1.2 虚拟数字人的优势

在数字化时代，一种新型的技术产物——虚拟数字人正在迅速崭露头角，它们以独特的优势和无限的可能性，引领着未来科技的发展潮流。虚拟数字人的出现与发展，大大促进了虚拟人物在社会各领域中的应用，其主要优势如图6-2所示。

高仿真性	虚拟数字人具备与人类外貌、性格、行为特征相似的高仿真性，这使得它们能够以一种更加自然和真实的方式与人类进行交互，能够提升用户体验
低成本	虚拟数字人的开发和维护相对简单，相较于聘请真实的人员进行相关工作，使用虚拟数字人可以节省大量的成本，这种低成本优势使得虚拟数字人在各个领域的应用更加广泛
可塑性强	虚拟数字人可以通过修改参数、添加特征等方式进行塑造，具有很强的可塑性，用户可以根据不同的需求和应用场景进行定制化开发，以满足各种不同的应用需求
可控性高	通过后台的操作，用户可以对虚拟数字人的行为和表现方式进行精细的控制，使其按照用户的要求进行操作，从而使得虚拟数字人在各种场景中的应用更加稳定和可靠
可重复使用	无论是音乐会、直播、广告代言还是其他应用场景，虚拟数字人都可以进行快速部署和重复使用，而且能够在不同的场景中多次使用
交互性强	通过语音识别、自然语言处理等人机交互技术，虚拟数字人可以与人类进行实时交流和互动，使得虚拟数字人能够更好地满足用户需求，提供更加便捷和高效的服务

图 6-2 虚拟数字人的优势

6.1.3 虚拟数字人的应用领域

随着技术的不断发展，虚拟数字人的功能和性能也将不断提升，为人们的生活和工作带来更多的改变。无论是娱乐、教育、医疗还是其他领域，虚拟数字人的应用领域都将不断扩展，并成为未来数字化时代的重要一环。

虚拟数字人的应用领域非常广泛，以下是目前一些主要的应用领域。

❶ 娱乐和游戏：这是虚拟数字人最广为人知的应用领域之一，如虚拟偶

像、虚拟歌手等在音乐会、演唱会上亮相，与粉丝进行互动，为观众带来了全新的娱乐体验。图6-3所示为字节跳动推出的虚拟偶像女团A-SOUL。

图 6-3　字节跳动推出的虚拟偶像女团 A-SOUL

❷ 教育和培训：虚拟教师和虚拟辅导员可以为学生提供更加灵活和多样的学习方式，通过虚拟数字人进行辅导、答疑解惑，如图6-4所示，可以增强学习的互动性和趣味性，提高学生的学习兴趣和效果。

图 6-4　通过虚拟人物进行辅导示例

❸ 医疗和健康：虚拟护理员可以为患者提供更加贴心和便捷的护理服务；或者通过虚拟数字人进行健康咨询、康复训练等，可以减轻医护人员的工作压

力，提高患者的生活质量。

❹ 客户服务和营销：虚拟客服可以为企业或单位提供更加高效、便利的客户服务，通过虚拟数字人充当在线客服，可以提高客户服务的效率和质量，同时也可以降低运营成本。

❺ 影视和媒体：虚拟记者、虚拟主持人在新闻报道、电视节目等领域中越来越常见，它们可以快速传递信息，提高节目的互动性和观赏性。

❻ 社交和直播：在社交媒体和直播平台上，虚拟主播、虚拟网红等越来越受欢迎，它们与粉丝进行互动，分享生活和娱乐内容，为观众带来了全新的社交体验。

6.1.4 虚拟数字人的发展前景

随着人工智能、Virtual Reality（虚拟现实）和Augmented Reality（增强现实）等技术的不断发展，虚拟数字人的外貌、性格、行为特征等将更加逼真、自然，交互能力和可控性也将进一步得到提升。

与此同时，虚拟数字人的应用领域也在不断扩展。未来，除了娱乐、教育、医疗、客户服务等传统领域，虚拟数字人还可能被应用于智能家居、智能交通、工业生产等新的领域，为用户提供各种各样的服务。

例如，宝马i Vision Dee是一款可以与车主交谈的概念车，它不仅可以通过其双肾格栅做出诸如喜悦、惊讶、赞同等不同的"面部"表情，而且还可以在车窗上展示驾驶者的虚拟形象，如图6-5所示。

图 6-5　宝马 i Vision Dee 的驾驶者虚拟形象功能展示

虚拟数字人作为一种新型的商业形态，具有非常高的商业价值。未来，随着虚拟数字人技术的不断发展和应用领域的扩展，其商业价值将进一步得到提升，甚至还可以作为数字资产被企业拥有和管理，为企业创造更多的利润。

另外，虚拟数字人与现实人物之间的界限也将变得越来越模糊，二者之间将产生更多的互动和交融，这种跨界融合将为虚拟数字人的发展带来更多的可能性。同时，人们对虚拟数字人的认可度将不断提高，越来越多的人开始接受和使用虚拟数字人技术，并将其作为自己生活和工作中不可或缺的一部分。

总的来说，虚拟数字人的发展前景非常广阔，它将在各个领域发挥越来越重要的作用。虽然目前虚拟数字人还存在一些不足之处，但是随着技术的不断进步，相信这些问题也将逐渐得到解决，让我们共同期待虚拟数字人未来的发展成果吧！

6.2　虚拟数字人的技术基础

虚拟数字人是一种由计算机技术、图像处理技术、深度学习技术和人工智能技术等集成的先进技术产物，它们能在各种场景下模拟人类的外貌、行为和声音，甚至能实现与现实世界的交互和信息共享。

总的来说，虚拟数字人的技术基础是一个多元且复杂的概念，它涉及多种技术的集成和交叉运用。然而，正是这些技术的不断发展，使得虚拟数字人得以在更多的领域中得到应用，同时也带来了更多的可能性。

本节将详细探讨虚拟数字人的技术基础，希望大家对虚拟数字人的技术原理和应用有更深入的理解和认识。

6.2.1　计算机技术

计算机技术是指利用计算机硬件和软件，以及相关的技术和方法，对数据进行处理、传输、存储和显示的一类技术。在虚拟数字人领域，计算机技术主要被用于虚拟数字人物的创建、渲染和交互，以提供更为真实和沉浸的虚拟体验，具体来说包括以下方面。

❶ 动画和行为生成：利用计算机技术，可以生成虚拟数字人的动态行为和表情，这可以通过计算机动画、物理引擎、运动捕捉等技术实现。例如，通过运动捕捉技术，可以捕捉真人的动作和表情并转化为数字信号，再将这些信号应用到虚拟数字人身上。

❷ 三维（Three Dimensions，3D）建模和渲染：利用计算机技术，可以对虚拟数字人的外貌进行精细化的处理和渲染，以实现更为逼真的视觉效果。例如，通过实时3D创作工具MetaHuman，可以创建3D人物模型，并对其外观、姿势、表情等进行调整和渲染，从而创造出一系列真正多元化的角色，如图6-6所示。

图 6-6　实时 3D 创作工具 MetaHuman

❸ 语音合成和识别：利用计算机技术可以合成语音，也可以识别语音。在虚拟数字人领域，计算机技术可以用于生成真人的语音，也可以用于识别用户的语音输入，实现与虚拟数字人的交流。

❹ 交互和响应：虚拟数字人需要能够与用户进行交互和响应，通过计算机技术，可以实现对用户输入（如文字、动作、表情等）内容的识别和理解，并让虚拟数字人做出相应的回应。

总之，计算机技术在虚拟数字人领域发挥了重要作用，从模型的建立与渲染，到动画与行为的生成，再到语音的合成与识别，以及最后的交互与响应，都离不开计算机技术的支持。随着计算机技术的不断发展，它在虚拟数字人领域中的应用也将越来越广泛和深入。

6.2.2　图像处理技术

图像处理技术是一种利用计算机对图像进行分析、处理和转换的技术。在虚拟数字人领域中，图像处理技术主要被用于对虚拟数字人的图像信号进行处理，以达到更为逼真和生动的视觉效果，具体包括以下几个方面。

❶ 图像增强和美化：图像处理技术可以用于对虚拟数字人的图像进行增强和美化，让虚拟数字人有更强的真实感。例如，通过对图像的色彩、亮度、对比度等进行调整，可以让虚拟数字人的肤色、服装等更加真实，相关示例如图6-7所示。

图 6-7　图像增强和美化示例

❷ 图像信号处理：虚拟数字人的图像信号需要经过计算机的处理才能实现逼真的视觉效果，这可以通过图像处理技术中的信号处理来实现。例如，通过数字滤波技术，可以去除图像中的噪声和干扰，提高图像的质量。

❸ 特征提取和识别：图像处理技术可以提取真实人物的特征，并进行识别，这可以通过计算机视觉技术来实现。例如，通过对面部特征的提取和识别，可以让虚拟数字人做出与人类相似的表情和情感反应，相关示例如图6-8所示。

图 6-8　特征提取和识别的相关示例

6.2.3 深度学习技术

深度学习是机器学习技术的一种，它通过构建多层神经网络来模拟人类的神经系统，从而实现对大量数据的自动分类和预测。深度学习技术的最大特点是利用多层次的特征提取和组合来实现高效的数据处理，它可以通过前向传播算法，将输入的数据通过多层神经网络，一层一层地进行特征提取和组合，最终得出分类或预测结果。

深度学习技术的应用领域非常广泛，包括自然语言处理、图像识别、语音识别、智能推荐等。例如，使用ChatGPT来进行对话生成，它可以理解自然语言的语义和语法，并用于生成自然语言文本，相关提示词与回复内容如下。

🅡 提问

假设你是抖音平台的短视频创作者，擅长制作带货短视频。请你根据爆款短视频文案的特点，为一款夏季黄色长裙创作短视频带货文案。

ChatGPT

【开场镜头】
夏日的阳光洒在街道上，微风拂过，镜头缓缓移动，一位穿着黄色长裙的女生出现在画面中。她的裙摆轻轻飘动，整个画面充满了夏天的温暖气息。

【旁白】
"这个夏天，怎么才能让自己在人群中脱颖而出？答案就是——这条黄色长裙！清新又亮眼的颜色，走到哪里都是焦点。"

【镜头切换】
画面转到女生在镜子前试穿，展示着面料的质感。
"这款长裙采用了轻薄透气的材质，不仅舒适亲肤，而且在炎热的夏天穿着，也不会感到闷热。最重要的是，裙子的设计非常修身，不仅能拉长身材比例，而且显瘦效果满分。"

【结尾】
女生轻轻旋转，裙摆在阳光下闪闪发光。她对镜头微笑，轻声说：
"这个夏天，让这条黄色长裙为你带来更多美丽时刻！"

【旁白】
"心动不如行动，现在就点击链接，把它带回家吧！让你的夏天，每天都像阳光一样灿烂。"

此外，深度学习技术还可以用于虚拟数字人的姿态估计和行为生成，从而实现更为真实的虚拟人物表现。在虚拟数字人的声音合成方面，深度学习技术也可以用于学习和模拟真实人类的声音特征，从而让虚拟数字人的声音效果更加逼真。

6.2.4 人工智能技术

人工智能技术是一种模拟人类行为和思维过程的计算机技术，它通过算法和大数据分析，使机器能够学习、推理、识别模式、解决问题，并在一定程度上实现自我改进，广泛应用于图像识别、语音处理、自然语言理解、决策支持等多个领域，旨在提高效率、降低成本并创造新的应用价值。

在虚拟数字人领域，人工智能技术的具体应用包括以下几个方面。

（1）对话和交互：人工智能技术可以通过自然语言处理和语音识别技术，让虚拟数字人能够理解和回应人类输入的信息，从而实现更为真实、自然的对话和交互效果。例如，用户可以使用文心一言，与机器人进行语音交流，相关提示词与回复内容如下。

R1 提问

请帮我写一个多功能洗衣机的宣传文案。

文心一言

解锁全新洗衣体验，让生活更简单！

生活繁忙，不代表我们不能享受舒适和便捷。全新升级的多功能洗衣机，专为追求品质生活的你而设计，将智能科技与精致工艺完美融合，为您带来卓越的洗衣体验。

高效洁净，省时省力

搭载智能洗涤系统，无论是顽固污渍还是轻柔的面料，都能实现精准清洗。多种洗涤模式一键切换，从棉质、丝绸到运动服装，轻松应对各类衣物，节省每一分钟。

智能节能，环保之选

创新的节能科技，智能感知衣物重量，自动调节水位和洗涤时间，减少水电浪费。让您在享受高效洁净的同时，也为地球贡献一份力量。

静音设计，安享宁静

采用静音技术，减少洗衣过程中不必要的噪声，让您随时随地洗衣不扰人。夜晚洗衣，安心入眠，不再为洗衣机的声响所打扰。

智能控制，随时掌握

通过手机App远程控制，无论您身处何地，只需一键开启洗涤程序。实时查看洗衣进程，享受更智能的生活方式。

选择我们的多功能洗衣机，让每一次洗衣都成为简单愉悦的时刻！

品质生活，从呵护衣物开始。现在就行动，体验科技带来的便捷与舒适，解锁更多的家庭幸福感。

（2）行为和情感：人工智能技术可以利用深度学习和机器学习技术，模拟真实人类的情感反应和行为模式，从而让虚拟数字人能够表达情感、做出决策和完成任务等，实现更为拟人化的行为模式。

（3）优化和升级：人工智能技术可以通过自我学习和自我优化，不断提升虚拟数字人的性能和表现，使其更加智能、逼真和完善。

6.3 虚拟数字人的生成工具

虚拟数字人有着逼真的神态，丰富、流畅的言语，仿佛真实存在一般。究其背后，是什么样神奇的生成工具赋予了它们智能？本节将为大家揭开这层神秘的面纱，深入探索当前虚拟数字人生成工具的主流功能，并分析不同工具的特点。

6.3.1 腾讯智影

腾讯智影是腾讯推出的一款基于AI技术的虚拟数字人生成工具，它通过AI文本、语音和图像生成技术，可以快速创建逼真的2D、3D虚拟数字人。用户只需提供少量信息，腾讯智影就可以自动生成数字人的外观、动作和语音。

腾讯智影不仅有数字人播报、文本配音、AI绘画等强大的AI功能，还提供了很多智能小工具，包括视频剪辑、文本配音、数字人播报等，如图6-9所示。

图 6-9 腾讯智影的主要功能

其中，腾讯智影的形象与音色定制功能，不仅可以帮助用户定制数字分身、复刻声音，而且还可以将用户上传的照片制作成数字人。用户可以通过Stable

Diffusion等AI绘画工具创建数字人形象，再通过腾讯智影来定制专属的数字人播报视频，如图6-10所示。

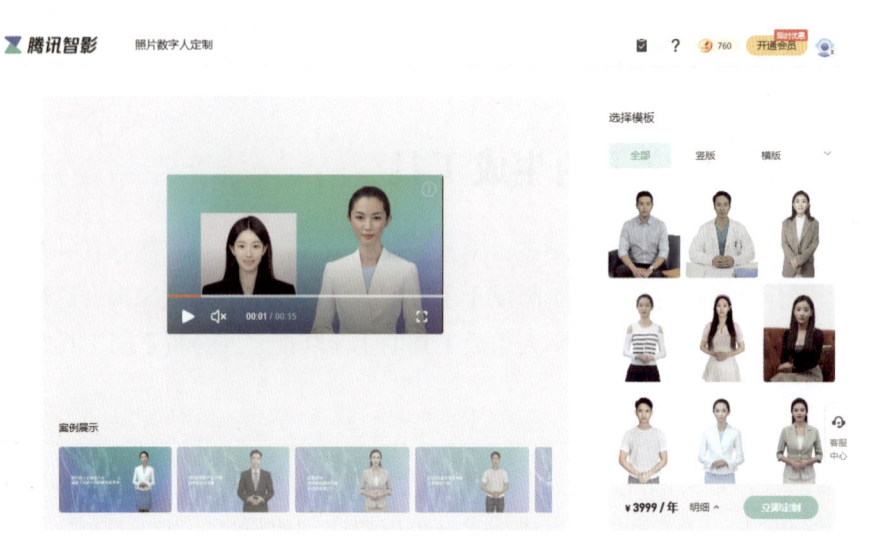

图 6-10　腾讯智影的形象与音色定制功能

腾讯智影具有操作简单、效率高等优点，它提供了大量模板和素材样式，使得普通用户也可以轻松创建虚拟数字人。同时，腾讯智影生成的数字人模型细节丰富，口型和语音的同步都达到了优质水平。

腾讯智影依托腾讯在AI和语音合成等方面的技术积累，生成的数字人很优秀，它可以大幅降低虚拟数字人的制作成本和时间，在教育、游戏、虚拟主播等领域有广阔的应用前景。

此外，腾讯智影还支持智能语音识别技术，可以将音频转换成文字，方便用户进行数字人视频的字幕制作。同时，用户还可以借助腾讯智影的云端资源进行高效的并行处理，大大缩短了数字人视频的处理时间。

6.3.2　剪映

剪映是一款集视频剪辑和虚拟数字人技术于一体的短视频应用，用户可以通过剪映快速生成带有口型同步的虚拟角色。剪映的数字人生成功能简单易用，提供了大量数字人角色和场景模板，用户可以进行个性化定制。同时，剪映强大的AI算法可以自动驱动角色语音及表情动作。

剪映的数字人生成功能的优势在于它降低了普通用户生成虚拟人物的门槛，只需用AI生成文本内容，就可以驱动数字人打造出真实的视频效果，如图6-11所示。

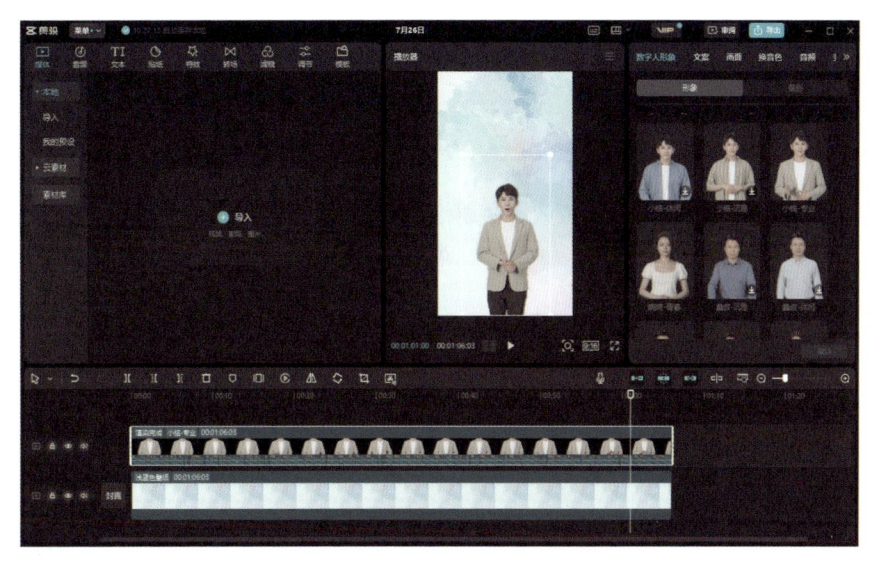

图 6-11 剪映的数字人生成功能

目前，剪映的数字人功能主要应用于短视频剪辑领域，暂时无法应用于直播领域，且功能还在不断地完善和更新。另外，剪映的数字人口型与文案匹配度较高，但动作与语义的对应能力较弱。

总体来说，剪映为普通用户提供了简单好用的数字人生成工具，满足基本的视频创作需求，但生成效果和可定制程度还有很大的优化空间。随着技术的不断进步和剪映的不断优化更新，相信这个问题会得到逐步解决。

6.3.3 KreadoAI

KreadoAI是一款基于人工智能技术打造的数字人生成工具，主要功能包括AI视频创作、数字人克隆（形象克隆、语音克隆）和AI工具（AI文本配音、AI生成营销文案、AI智能抠图）。通过深度学习技术和大规模数据处理，KreadoAI可以在短时间内高效生成各种数字人形象。

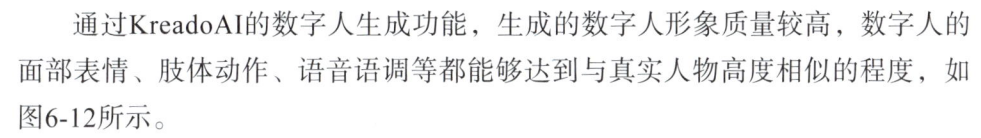

扫码看教学视频

通过KreadoAI的数字人生成功能，生成的数字人形象质量较高，数字人的面部表情、肢体动作、语音语调等都能够达到与真实人物高度相似的程度，如图6-12所示。

使用KreadoAI的数字人形象克隆功能时，用户只需提交5分钟的视频录制画面，即可一比一还原真人神态。通过结合数字人口播技术、语音克隆技术的无缝串联，KreadoAI制作的虚拟数字人分身可替代真人出镜，适用于企业宣传、教育培训、口播视频等各大应用场景。

图6-12　KreadoAI 的数字人生成功能

6.3.4　D-Human

D-Human是一款比较实用的数字人视频制作工具，可完美定制数字人形象，高还原度克隆声音，可用于生成可商用的数字人播报视频、数字人直播间等。

扫码看教学视频

D-Human生成的数字人不仅形象逼真、动作自然，而且支持软件运营服务（Software as a Service，SaaS）使用、应用程序编程接口（Application Programming Interface，API）接入、原始设备制造商（Original Equipment Manufacture，OEM）定制等服务。

D-Human还能够克隆目标人物的声音，让数字人效果无限接近真人。同时，D-Human还提供了覆盖全行业的原创视频模板，用户无须调整布局，无须苦思文案台词，套用模板即可轻松制作爆款数字人视频，如图6-13所示。

图6-13　D-Human 的原创数字人视频模板

【AI视频与直播】
第6章 AI数字人视频：创造虚拟形象，引领互动营销新风尚

6.4 使用剪映制作产品介绍视频

AI数字人可以作为虚拟视频博主，为观众带来更加丰富的视觉体验的同时，还可以快速引流吸粉，在短视频行业获得更多收益。本节将介绍使用剪映快速生成和编辑AI数字人的相关技巧，效果如图6-14所示。

图 6-14 效果展示

6.4.1 生成数字人

用户在通过剪映创建数字人之前，首先要添加一个文本素材，才能看到数字人的创建入口，具体操作方法如下。

扫码看教学视频

步骤01 打开剪映电脑版，进入"首页"界面，单击"开始创作"按钮，如图6-15所示。

图 6-15 单击"开始创作"按钮

步骤02 执行操作后，即可进入剪映的视频创作界面，切换至"文本"功能区，在"新建文本"选项卡中单击"默认文本"右下角的"添加到轨道"按钮，添加一个默认的文本素材。单击"数字人"按钮，进入"数字人"操作区，选择相应的数字人后，单击"添加数字人"按钮，如图6-16所示。

133

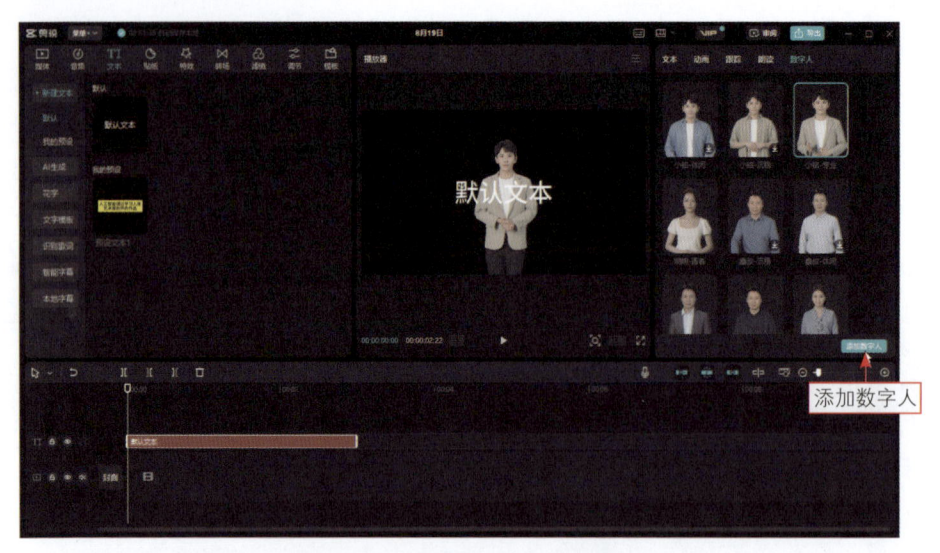

图 6-16 单击"添加数字人"按钮

步骤 03 执行操作后，即可将所选的数字人添加到视频轨道中，并显示相应的渲染进度，如图6-17所示。数字人渲染完成后，选中文本素材，单击"删除"按钮 将其删除即可。

图 6-17 显示相应的渲染进度

★ 专家提醒 ★

在"数字人形象"操作区中，切换至"景别"选项卡，可以改变数字人在视频画面中的景别，包括远景、中景、近景和特写4种类型。

6.4.2 生成智能文案

使用剪映的"智能文案"功能，可以一键生成数字人的视频文案，可以为用户节省大量的时间和精力，具体操作方法如下。

步骤01 选择视频轨道中的数字人素材，切换至"文案"操作区，单击"智能文案"按钮，如图6-18所示。

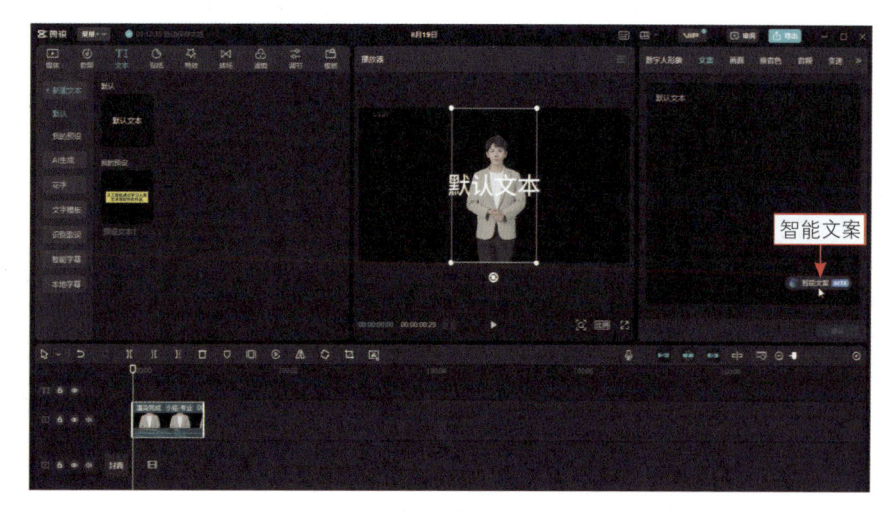

图 6-18　单击"智能文案"按钮

步骤02 执行操作后，弹出"智能文案"对话框，单击"写营销文案"按钮，确定要创作的文案类型，如图6-19所示。

步骤03 在文本框中输入相应的产品名称与产品要求，如图6-20所示。

图 6-19　单击"写营销文案"按钮

图 6-20　输入相应的文案要求

★ 专 家 提 醒 ★

在"智能文案"对话框中，单击"写口播文案"按钮，输入相应的提示词信息，可以一键生成口播文案。

步骤04 单击"发送"按钮，剪映即可根据用户输入的要求生成对应的文案内容，如图6-21所示。

步骤 05 单击"下一个"按钮，剪映会重新生成文案内容，如图6-22所示，当生成令人满意的文案后，单击"确认"按钮即可。

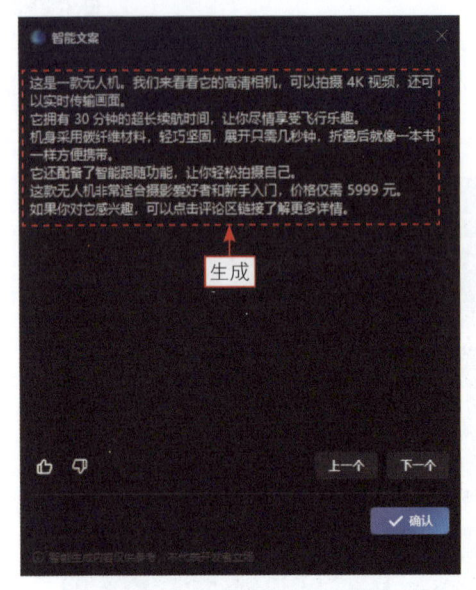

图 6-21　生成对应的文案内容　　　　　图 6-22　重新生成文案内容

步骤 06 执行操作后，即可将智能文案填入到"文案"操作区中，如图6-23所示。

步骤 07 对文案内容进行适当删减和修改，单击"确认"按钮，如图6-24所示。

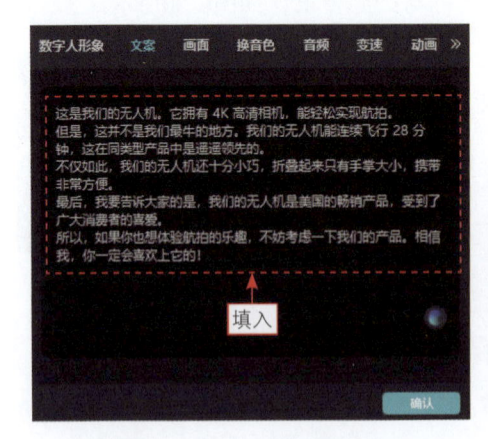

图 6-23　填入"文案"操作区中　　　　　图 6-24　单击"确认"按钮

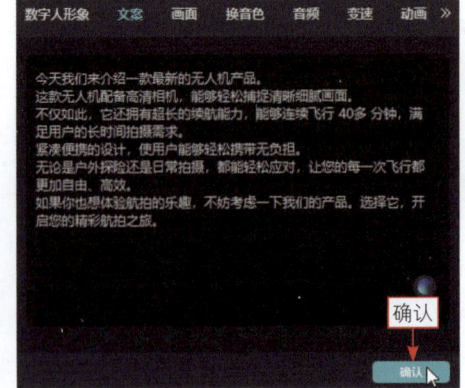

步骤 08 执行操作后，即可自动更新数字人音频，并完成数字人轨道的渲染，如图6-25所示。

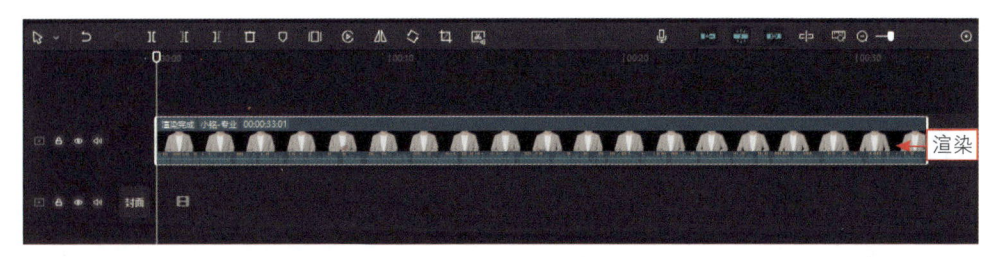

【AI视频与直播】
第6章 AI数字人视频：创造虚拟形象，引领互动营销新风尚

图 6-25 完成数字人轨道的渲染

6.4.3 美化数字人形象

使用剪映的"美颜美体"功能，可以对数字人的面部和身体等各种细节进行调整和美化，以达到更好的视觉效果，具体操作方法如下。

扫码看教学视频

步骤 01 选择视频轨道中的数字人素材，切换至"画面"操作区的"美颜美体"选项卡，选中"美颜"复选框，剪映会自动选中人物脸部，设置"磨皮"为25、"美白"为12，如图6-26所示。"磨皮"主要是为了减少图片的粗糙程度，使皮肤看起来更加光滑。"美白"主要是为了调整肤色，使皮肤看起来更白皙。

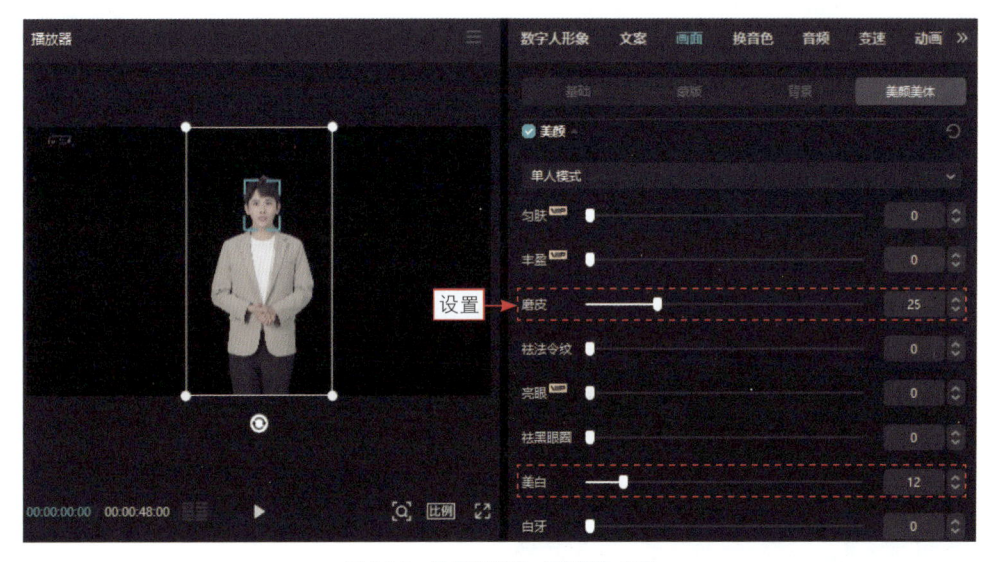

图 6-26 设置相应的"美颜"参数

★ 专 家 提 醒 ★

通过剪映的"美颜美体"功能，用户可以轻松地调整和改善数字人的形象，包括美化面部、身体塑形和改变身材比例等。这些功能为数字人的制作提供了更多样化的美化和编辑工具，能够让数字人更具吸引力和观赏性。

137

步骤02 在"美颜美体"选项卡的下方,选中"美体"复选框,设置"瘦身"为50,将数字人的身材变得更加苗条,如图6-27所示。

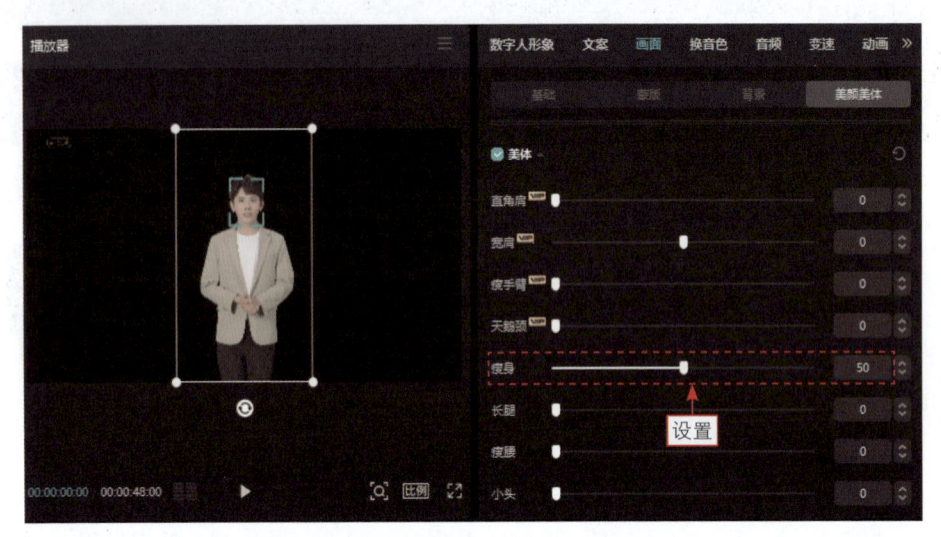

图6-27 设置相应的"美体"参数

6.4.4 制作数字人背景效果

剪映中的数字人有很多内置的背景素材,不过用户还可以给数字人添加自定义的背景,具体操作方法如下。

步骤01 切换至"媒体"功能区,在"本地"选项卡中,单击"导入"按钮,如图6-28所示。

步骤02 执行操作后,弹出"请选择媒体资源"对话框,选择相应的背景图片素材,如图6-29所示。

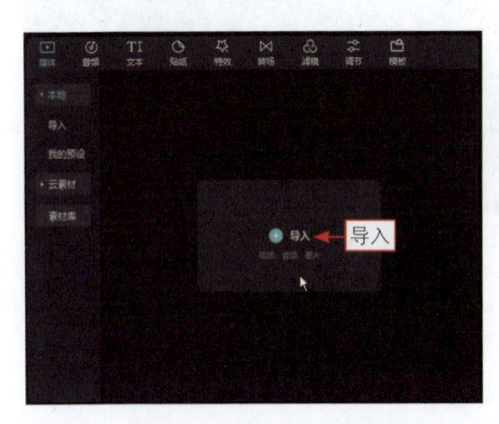

图6-28 单击"导入"按钮

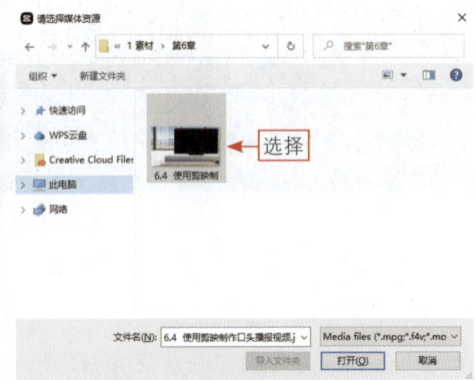

图6-29 选择相应的背景图片素材

【AI视频与直播】
第6章 AI数字人视频：创造虚拟形象，引领互动营销新风尚

步骤 03 单击"打开"按钮，即可将背景图片素材导入至"媒体"功能区中，单击背景图片素材右下角的"添加到轨道"按钮，将素材添加到主轨道中，并调整背景图片素材的时长，使其与数字人的时长保持一致，如图6-30所示。

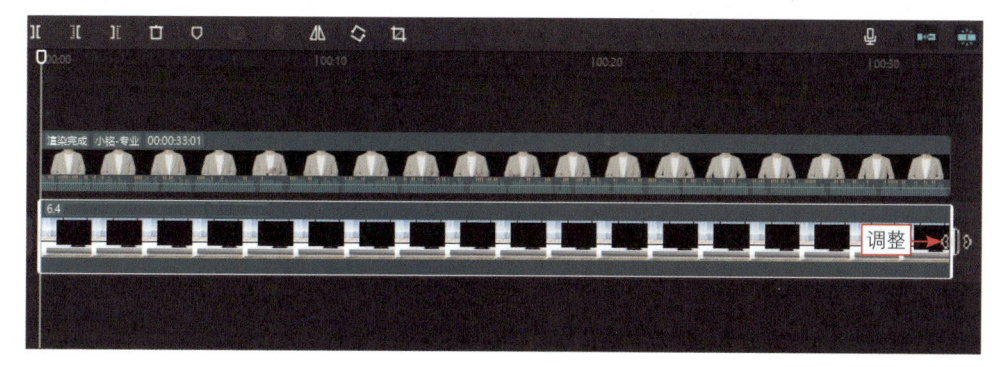

图 6-30 调整背景图片素材的时长

6.4.5 添加无人机视频素材

除了可以添加图片素材，用户还可以在剪映中导入视频素材，将其与数字人相结合，丰富画面的内容，具体操作方法如下。

扫码看教学视频

步骤 01 使用上一节的操作方法，在"媒体"功能区中导入一个无人机的视频素材，并将其拖至画中画轨道中，如图6-31所示。

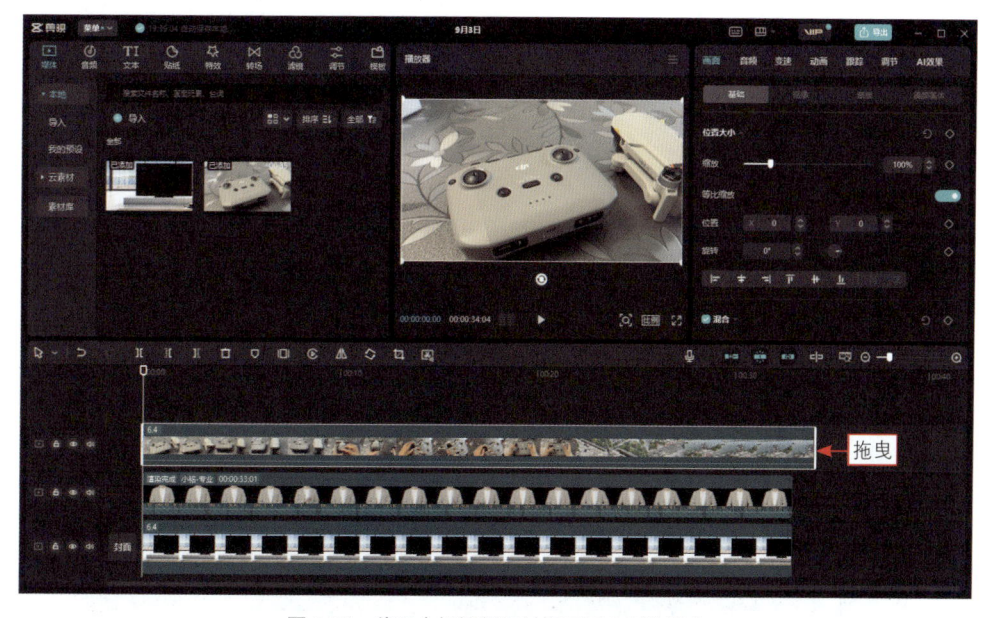

图 6-31 将无人机视频素材拖至画中画轨道中

139

步骤02 将无人机视频的时长调整到与数字人视频的时长一致,如图6-32所示。

图 6-32 调整无人机视频的时长

步骤03 选择画中画轨道中的无人机视频素材,切换至"画面"操作区的"基础"选项卡中,在"位置大小"选项区中设置"缩放"为64%、"X位置"为630、"Y位置"为280,适当调整无人机视频在画面中的大小和位置,如图6-33所示。

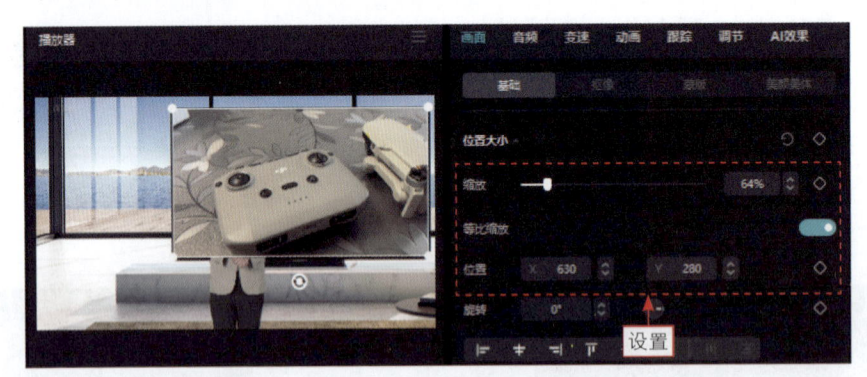

图 6-33 调整无人机视频在画面中的大小和位置

步骤04 选择数字人素材,设置"X位置"为-1265、"Y位置"为0,适当调整数字人在画面中的位置,如图6-34所示。

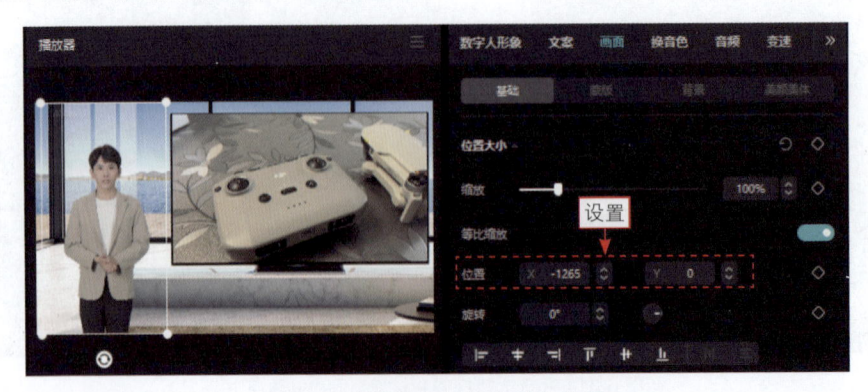

图 6-34 调整数字人在画面中的位置

6.4.6 添加数字人同步字幕

使用剪映的"智能字幕"功能，可以一键给数字人视频添加同步字幕，具体操作方法如下。

步骤01 切换至"文本"功能区，单击"智能字幕"按钮，如图6-35所示。

步骤02 执行操作后，切换至"智能字幕"选项卡，单击"识别字幕"选项区中的"开始识别"按钮，如图6-36所示。

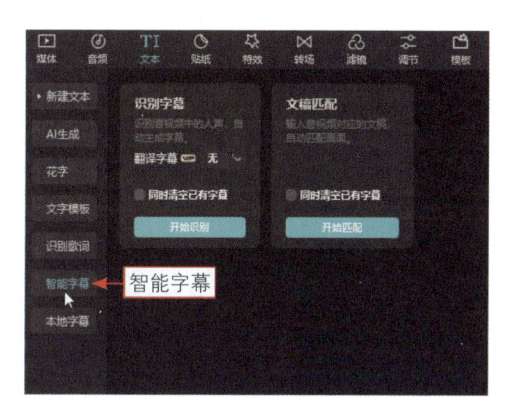

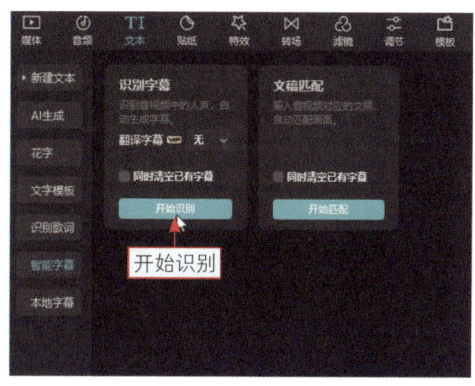

图 6-35 单击"智能字幕"按钮　　图 6-36 单击"开始识别"按钮

步骤03 执行操作后，即可自动识别数字人视频中的文案，并生成字幕，适当调整字幕在画面中的位置，如图6-37所示。

图 6-37 调整字幕在画面中的位置

141

步骤04 切换至"文本"操作区的"花字"选项卡,选择一个花字样式,即可改变字幕效果,如图6-38所示。

图 6-38 选择一个花字样式

步骤05 切换至"动画"操作区的"入场"选项卡,选择"打字机Ⅱ"选项,并将"动画时长"调整为最长,给字幕添加入场动画效果,如图6-39所示。

图 6-39 给字幕添加入场动画效果

步骤06 使用相同的操作方法,给其他字幕均添加"打字机Ⅱ"入场动画效果,如图6-40所示。

图6-40 给其他字幕添加入场动画效果

6.4.7 添加片头和贴纸效果

给数字人视频添加片头和贴纸效果，不仅可以突出视频的主题，同时还可以通过贴纸来和观众互动，吸引更多人的关注，具体操作方法如下。

步骤01 在"文本"功能区中，切换至"文字模板"|"片头标题"选项卡，选择一个合适的片头标题模板，单击"添加到轨道"按钮⊕，将其添加到轨道中，并适当修改文本内容，如图6-41所示。

图6-41 添加片头标题模板并修改文本内容

143

步骤02 在"贴纸"功能区中,切换至"界面元素"选项卡,选择相应的录制标签贴纸,单击"添加到轨道"按钮,将其添加到轨道中,将其时长调整为与主轨道一致,并在"播放器"窗口中适当调整贴纸的位置和大小,如图6-42所示。

图 6-42　调整贴纸的位置和大小

步骤03 给视频添加一首合适的背景音乐,即可完成数字人视频的制作。

第 7 章　AI 数字人直播：创新带货形式，
　　　　　　增加用户互动和黏性

　　随着人工智能技术的飞速发展，AI 数字人直播逐渐崭露头角，并开始引领行业新趋势。腾讯智影作为一款专业的智能创作工具，可以轻松生成 AI 数字人主播，为观众带来全新的直播体验。本章将详细讲解 AI 数字人直播的相关知识，帮助大家掌握生成 AI 直播数字人的技巧。

7.1 使用腾讯智影的数字人直播功能

腾讯智影基于自研数字人平台开发的"数字人直播"功能，可以实现预设节目的自动播放。同时，"数字人直播"功能已经接入了抖音、视频号、淘宝和快手的弹幕评论抓取回复功能，能够通过抓取开播平台的观众评论快速进行回复。

在直播过程中，观众可以通过文本或音频接管功能与数字人进行实时互动。此外，借助窗口捕获推流工具，可以在任意直播平台开通数字人直播。本节将详细介绍腾讯智影"数字人直播"功能的使用方法，帮助大家快速上手数字人直播。

7.1.1 开通"数字人直播"功能的方法

腾讯智影的"数字人直播"功能在数字人视频的基础上，增强了互动功能，可以将数字人直播节目进行24小时循环播放或随机播放，同时还可以实时和直播间的观众进行沟通。

扫码看教学视频

建议用户使用谷歌Chrome浏览器或者微软Edge浏览器登录腾讯智影首页，单击"智能小工具"选项区中的"数字人直播"按钮，如图7-1所示。

图 7-1 单击"数字人直播"按钮

执行操作后，即可进入"数字人直播"页面，在此可以管理数字人直播节目、我的直播间、互动问答库等，单击"点击开通"按钮，如图7-2所示。执行操作后，在弹出的对话框中选择相应的版本（直播体验版和真人接管直播专业版）和使用期限，并扫码支付，即可开通"数字人直播"功能，如图7-3所示。

【AI视频与直播】
第7章　AI数字人直播：创新带货形式，增加用户互动和黏性

图 7-2　单击"点击开通"按钮

图 7-3　扫码支付对话框

147

7.1.2　数字人直播页面介绍

开通"数字人直播"功能后，即可使用该功能编辑直播节目并开播，如果未开通或开通期限已到期，将只能查看以往编辑的节目内容，不能新建节目和开播。同时，在"数字人直播"页面的左上角，会显示用户的账号信息和有效期，以及"续费时长"按钮，如图7-4所示。

图 7-4　"数字人直播"页面

"数字人直播"页面的左侧为功能访问入口，"节目管理"为首页，可以进行直播节目内容的制作；"我的直播间"为开播页面，可以将制作好的节目串联在一起，然后进行直播；"互动问答库"为互动功能知识库设置页面，可以设置互动功能的触发条件和回复内容；"帮助中心"为操作手册，用户可以学习该功能的使用技巧。

在"新建节目"选项区，用户可以编辑自己的直播节目内容，也可以直接套用官方提供的直播间模板。在"节目列表"选项区，会显示已完成制作的直播节目和保存的草稿项目，同时还可以对其进行二次编辑，或者在"我的直播间"页面中进行节目的编排和开播。

7.1.3　直播节目的创建与编排技巧

腾讯智影的数字人直播由多个独立的节目组成，每个节目可以专注于一个商品或多个商品的详细讲解。这些节目可以在不同的直播中循环使用，增加了内容的多样性，提高了直播效率。

在"数字人直播"首页的"新建节目"选项区，单击"新建空白节目"按钮，即可进入节目编辑器页面中创建节目，如图7-5所示。

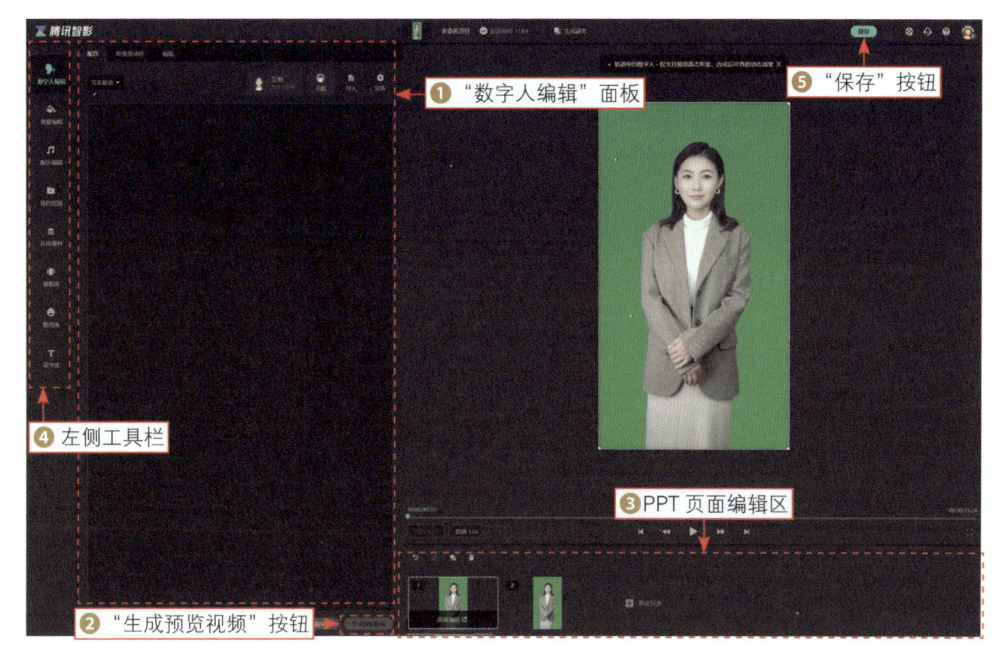

图 7-5　节目编辑器页面

在"数字人直播"功能的节目编辑器页面中，主要布局区域和功能说明如下。

❶ "数字人编辑"面板：可以设置数字人的节目驱动方式、更换数字人形象、调整播报内容和播报音色等。

❷ "生成预览视频"按钮：输入文本内容后，单击该按钮即可生成动态效果，让数字人形象产生动作，同时可以在右侧的预览窗口中查看动态效果。

❸ PPT页面编辑区：可以添加多个PPT页面，将多个节目内容串联到一个节目中，实现直播节目时间的延长。另外，用户可以单击"高级编辑"按钮进入轨道剪辑器页面，对页面元素进行更精细的调整，如图7-6所示。

❹ 左侧工具栏：可以单击相应的按钮对背景、贴纸、花字等内容进行设置，如果想要精细化调整，建议使用轨道剪辑器。

❺ "保存"按钮：节目编辑完成后，单击该按钮即可完成节目的制作。

在"数字人直播"功能的轨道编辑器页面中，主要布局区域和功能说明如下。

❶ "数字人编辑"面板：功能与节目编辑器页面相同。

❷ 左侧工具栏：功能比节目编辑器页面的工具栏更多，可以在直播节目内容中添加更丰富的元素，包括视频、图片、音乐、贴纸、花字等，让直播间的内容更丰富，同时还可以提升直播间的视觉呈现效果。

①"数字人编辑"面板　⑤返回工具主页面　④右侧预览窗口

②左侧工具栏　③轨道区

图7-6　轨道剪辑器页面

③轨道区：将数字人、画面元素可视化，通过轨道区进行编辑调整，而且还可以调整素材间的叠加关系与出现时机，提高直播间的质量。

④右侧预览窗口：对数字人播报内容设置完成后，单击"生成预览视频"按钮，即可在右侧预览窗口查看动态效果，预览效果和节目制作的最终效果相同，确认无误后即可返回工具页面进行保存。

⑤返回工具主页面：通过节目编辑器页面的顶部链接，可以返回主页面保存节目或进行其他编辑等操作。

在"数字人编辑"面板的"配音"选项卡中，单击输入框，弹出"数字人文本配音"对话框，如图7-7所示。

在"数字人文本配音"对话框的顶部，可以进行调整多音字、数字读数、插入停顿等操作，也可以调整数字人的音色和播报语速，确认效果后单击"保存并生成音频"按钮即可。需要注意的是，数字人节目的时长是根据内容的播报时长延长的，单个画面可支持5000字文本上限，超过5000字需要新建页面再续写。

图 7-7 "数字人文本配音"对话框

7.1.4 直播数字人的形象和画面设置

在"数字人编辑"面板的"配音"选项卡中，单击"数字人切换"按钮，弹出"选择数字人"对话框，如图 7-8 所示。腾讯智影支持 2D 形象和 3D 形象，用户可以根据具体的直播需求，选择不同的数字人形象、服装和动作。

扫码看教学视频

图 7-8 "选择数字人"对话框

当用户输入了文本或音频后，即可给数字人添加动作。在"数字人编辑"面板中切换至"形象及动作"选项卡，可以设置数字人的服装样式、服装颜色和人物姿态，如图7-9所示。需要注意的是，仅部分数字人形象支持自定义的动作和服装。

★ 专家提醒 ★

给数字人添加动作时要注意两点：添加动作的地方没有其他动作；添加动作后，剩余的时间要大于动作的演出时间。

在"数字人编辑"面板中切换至"画面"选项卡，可以调整数字人在直播间的位置、大小、角度、色彩和展示方式，如图7-10所示。另外，用户也可以直接在右侧的预览窗口中拖动数字人调整其位置和大小。

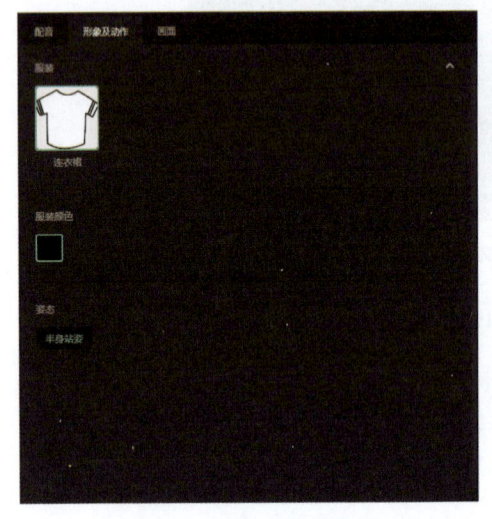

图 7-9　"形象及动作"选项卡　　　　图 7-10　"画面"选项卡

7.1.5　串联多个直播节目生成直播间

在"数字人直播"页面左侧的导航栏中选择"我的直播间"选项，进入"我的直播间"页面。在此页面中，可以对制作好的节目进行串联，形成可以用于开播的直播节目单，并进入后续的开播流程，如图7-11所示。同时，用户还可以在该页面中对新编节目单或对已编排完成的节目单进行开播、修改、重命名等操作。

图 7-11　"我的直播间"页面

【AI视频与直播】
第7章　AI数字人直播：创新带货形式，增加用户互动和黏性

单击"新建直播间"按钮，弹出"我的节目"对话框，选中需要串联的节目，单击"选好了"按钮，如图7-12所示，即可形成节目单。在编排直播节目单时，用户可以选择在"节目管理"页面中制作完成的数字人直播节目。注意：这里选择的必须是已经"生成预览视频"的包含动态效果的直播节目。

图 7-12　单击"选好了"按钮

另外，在创建节目单时，可以绑定对应的预设问答库，以便在直播过程中进行使用。在"我的直播间"页面底部，单击"批量添加互动"按钮，弹出"一键添加互动"对话框，即可为所有直播节目统一配置问答库，如图7-13所示，在直播时可以开启互动触发。如果用户想针对节目单中的某一个节目增减触发的问答库，可以选中单个节目进行添加或删除互动操作。

图 7-13　"一键添加互动"对话框

153

7.1.6 监测开播风险并设置直播类型

当用户制作好直播节目单并绑定问答互动库后，单击"去开播"按钮，即可进入开播环节。在开播前，系统会对编排的节目单进行监测，并提示开播风险，如图7-14所示。如果节目过于简陋，会导致较高的平台监测惩罚风险，并对节目时长、问答回复数量等细节进行提醒。

图 7-14 开播风险监测

单击"继续开播"按钮，弹出"请选择直播类型"对话框，如图7-15所示。选择"稳定开播模式"类型，可以降低对于电脑内存的要求，在电脑配置不高的情况下，可以让直播更稳定、不卡顿，但开播前的加载时间较长；选择"极速开播模式"类型，可以快速完成节目加载并进行开播，但对电脑的配置要求较高，内存容量占用较大，长时间直播容易造成卡顿的现象。

图 7-15 "请选择直播类型"对话框

7.1.7 使用直播推流工具进行开播

腾讯智影的"数字人直播"功能是基于云端服务器实现的，它不具备本地直播推流工具，所以需要借助第三方直播推流工具进行对应平台的直播。用户也可以根据推流地址，自由选择开播平台，腾讯智影不限制直播平台。

用户可以进入直播界面，然后将整个浏览器最大化，或者为直播页面建立一个单独的浏览器窗口，如图7-16所示，便于推流工具捕获直播窗口。

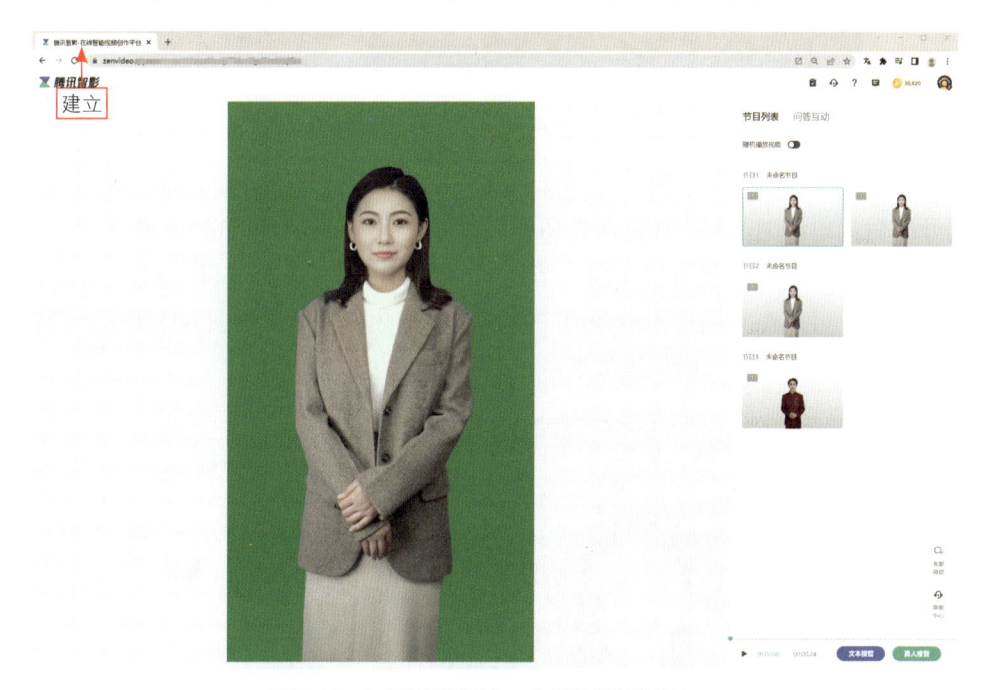

图7-16 为直播页面建立一个单独的浏览器窗口

★ 专家提醒 ★

"数字人直播"功能到期后，用户在其中创建的节目会一直保留在账号中，到期后只是不能继续编辑节目和开播，但仍然可以查看节目内容。当用户再次开通"数字人直播"功能后，可以继续使用其中的功能。

接下来打开相应直播平台的直播伴侣工具（如抖音、快手、拼多多、淘宝等），或第三方的直播推流工具（如OBS）。以抖音的直播伴侣工具为例，用户可以添加图片、贴纸等素材，并选择窗口捕获方式，捕获腾讯智影的浏览器窗口页面，同时将画面调整为只包含视频内容的部分，即可显示数字人直播效果，如图7-17所示。

155

图 7-17　在抖音的直播伴侣工具中显示数字人直播效果

注意，用户需要将直播平台的麦克风音量关闭，单击"开始直播"按钮，直播开始后，单击浏览器中的播放按钮▶，即可使用数字人自动进行直播。

当节目单中的直播节目（同一节目中的多个页面算一个节目）超过3个小时以后，用户可以在直播过程中开启"随机播放视频"功能，如图7-18所示。这样将会在播放完节目后，随机播放下一个节目单中的内容。

图 7-18　开启"随机播放视频"功能

7.1.8　通过互动问答库与观众互动

"问答互动"功能是通过用户选择相应的直播平台并输入网页版直播间的链接地址进行访问，然后获取直播间的实时弹幕和用户行为等数据，并根据预设触发条件回复文字、音频等内容的一种互动方式。

目前，腾讯智影的"问答互动"功能，可以针对抖音、视频号、快手、淘宝等平台直播间的观众评论，设置触发条件并回复，如图7-19所示。

图 7-19　腾讯智影的"问答互动"功能

用户可以进入"互动问答库"页面，对"问答互动"功能需要用到的预设触发条件和问答库进行编辑，如图7-20所示。首先单击"添加问题库"按钮添加一个问题库，然后在问题库中可以单击"新建互动"按钮新建互动。在添加新的问题库时，可以选择预设的官方问题库，更加轻松省力。

图 7-20　"互动问答库"页面

设置完互动问答库后，在创建直播时将问答库和节目进行绑定，对应节目触发相应的问答库内容，可以批量针对节目单添加互动，也可以针对单个节目进行绑定。腾讯智影支持多种互动触发条件，用户可上传音频文件或直接输入文本。当直播时满足设定条件后，即可自动触发数字人的互动行为。

7.1.9　实时接管提高数字人直播互动性

实时接管是指在直播过程中用户可以随时"打断"正在播放的预设内容，插播临时输入的内容进行播报，可以对观众的问题进行针对性解答，并降低内容重复的风险，能够有效提高数字人直播的互动性。

实时接管功能分为"文本接管"和"真人接管"（仅用于直播专业版）两种类型。用户开播后，单击右下角的"文本接管"按钮，弹出接管文本的输入框，如图7-21所示。用户可以在其中实时输入文本内容，按【Enter】键确认，即可使用当前正在播报的数字人的音色，输出与文本对应的音频内容，通过数字人主播进行播报。

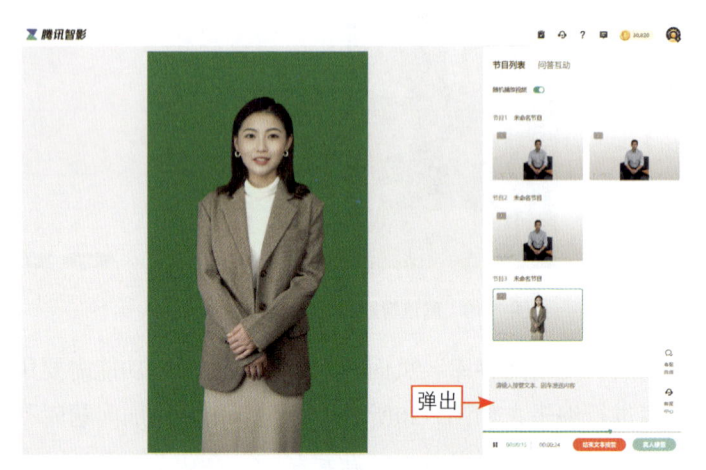

图 7-21 弹出接管文本的输入框

开通直播专业版后，用户可以在直播过程中使用"真人接管"功能接管直播间，如图7-22所示。单次开启"真人接管"功能，最多可以保持该功能开启1小时。

开启"真人接管"功能后，将直播设备与麦克风进行连接，可以在直播过程中通过外部麦克风输入音频，同时会自动匹配数字人口型（时间为7～15秒），即可通过音频驱动数字人进行播报，这样可以更加灵活地对直播间观众进行回复。

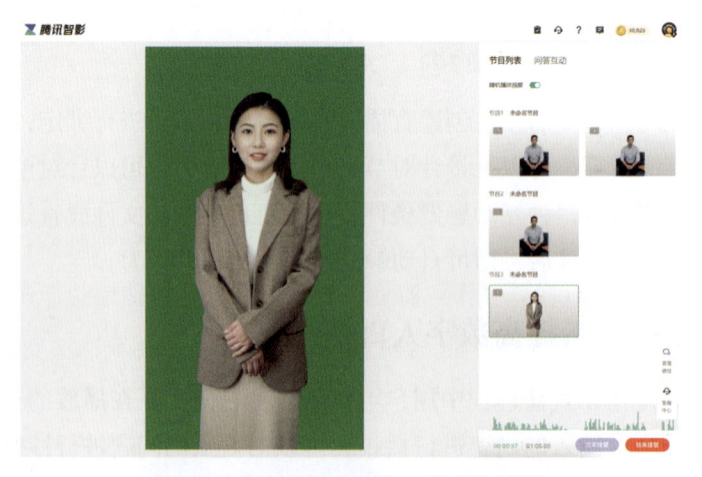

图 7-22 使用"真人接管"功能接管直播间

7.2 使用腾讯智影制作电商直播数字人

【效果展示】制作电商直播数字人视频可以通过腾讯智影平台轻松完成。首先熟悉"数字人播报"页面至关重要，确保能够充分利用该功能。接着选择一个合适的数字人模板，并根据电商带货的风格和需求调整数字人的形象。利用文本驱动功能，让数字人开始介绍商品。随后根据视频内容替换背景，以增强视觉效果。最后更改文字，确保它们与视频内容和风格相匹配，完成一个吸引观众的电商带货视频，效果展示如图7-23所示。

图 7-23　效果展示

7.2.1　熟悉"数字人播报"页面

"数字人播报"是由腾讯智影数字人团队研发多年不断完善推出的在线智能数字人视频创作功能，力求让更多的人借助数字人实现内容产出，低成本、高效率地制作播报视频。

"数字人播报"功能页面融合了轨道剪辑、数字人内容编辑窗口，可以一站式完成"数字人播报+视频创作"流程，让用户方便、快捷地制作各种数字人视频作品，并激发更大的视频创意空间，拓宽使用场景。

"数字人播报"页面分为7个板块，如图7-24所示，用户可以借助各板块中的功能，完成数字人视频的制作。

图 7-24 "数字人播报"功能页面

❶ 主显示/预览区：也称为预览窗口，可以选择画面上的任一元素，在弹出的右侧的编辑区中进行调整，包括画面内的字体（大小、位置、颜色）、数字人（内容、形象、动作）、背景及其他元素等。在预览窗口的底部，可以调整视频画布的比例和控制数字人的字幕开关。

❷ 轨道区：位于预览区的下方，单击"展开轨道"按钮后，可以对数字人视频进行更精细化的轨道编辑，在轨道上可以调整各个元素的位置关系和持续时间，同时还可以编辑数字人轨道上的动作插入位置，如图7-25所示。

图 7-25 轨道区

❸ 编辑区：与预览区中选择的元素相关联，默认显示"播报内容"选项卡，可以调整数字人的驱动方式和口播文案。

❹ 工具栏：页面最左侧为工具栏，可以在视频项目中添加新的元素，如选

160

择套用官方模板、增加新的页面、替换图片背景、上传媒体素材，以及添加音乐、贴纸、花字等素材。单击对应的工具按钮后，会在工具栏右侧的面板中进行展示。

❺ 工具面板：和左侧工具栏相关联，展示相关工具的使用选项，可以单击右侧的收缩按钮《折叠工具面板。

❻ 文件命名区：顶部可以编辑文件名称，并且可以查看项目文件的保存状态。

❼ 合成按钮区：确认数字人视频编辑完成后，可以单击"合成视频"按钮开始生成视频，生成后的数字人视频包括动态动作和口型匹配的画面。单击"合成视频"按钮旁边的？按钮，可以查看操作手册、联系在线客服。

7.2.2 选择合适的数字人模板

"数字人播报"页面中提供了大量的特定场景模板，用户可以直接选择，从而提升创作效率，具体操作方法如下。

扫码看教学视频

步骤01 进入腾讯智影的"创作空间"页面，单击"数字人播报"选项区中的"去创作"按钮，如图7-26所示。

图 7-26 单击"去创作"按钮

步骤02 执行操作后，进入相应的页面，展开"模板"面板，切换至"竖版"选项卡，如图7-27所示。

步骤03 选择一个电商类的数字人模板，单击预览图，弹出"春季限定饮品"对话框，单击"应用"按钮，如图7-28所示。

161

图 7-27 切换至"竖版"选项卡　　　　　图 7-28 单击"应用"按钮

步骤 04 执行操作后，即可添加奶茶短视频的模板，如图7-29所示。

图 7-29 添加奶茶短视频的模板

7.2.3　设置数字人的人物形象

腾讯智影有着丰富的数字人形象，不同的数字人配置了多套服装、姿势、形状和动作，并支持更换画面背景。下面介绍设置数字人人物形象的操作方法。

扫码看教学视频

步骤 01 展开"数字人"面板，在"预置形象"选项卡中，选择"冰璇"数字人形象，如图7-30所示。

162

【AI视频与直播】
第7章 AI数字人直播：创新带货形式，增加用户互动和黏性

图 7-30 选择"冰璇"数字人形象

步骤02 在预览区中选择数字人，在编辑区中切换至"画面"选项卡，如图7-31所示，调整数字人的位置和大小。

图 7-31 切换至"画面"选项卡

★ 专家提醒 ★

腾讯智影提供了丰富的数字人形象供用户选择，并将持续进行更新。2D数字人可以选择"依丹""蓓瑾"等进行动作设置，3D数字人可以选择"智能动作"形象，根据文案内容智能插入匹配动作。

步骤03 设置"X坐标"为-102、"Y坐标"为95、"缩放"为73%，如图7-32所示，给商品视频留出更多的空间，让数字人看起来更符合观众的审美需求。

163

图 7-32　设置数字人的相应参数

7.2.4　设置数字人文本与音色

为了更好地驱动数字人，用户可以将提前准备好的文案进行适当的删减和修改，然后在"播报内容"选项卡中对数字人的音色进行自定义设置，具体操作方法如下。

步骤 01 在编辑区中清空模板中的文字内容，单击"导入文本"按钮，导入整理好的文本内容，如图 7-33 所示。

步骤 02 执行操作后，将鼠标光标定位到文中的相应位置，插入多个停顿 0.5 秒的标记，效果如图 7-34 所示。

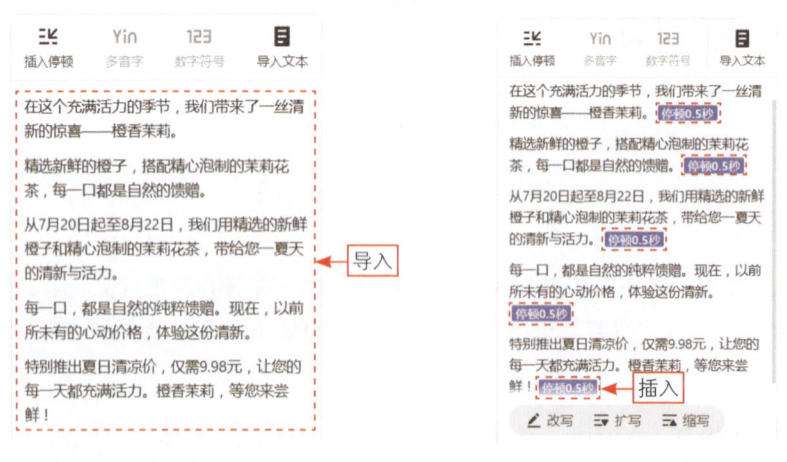

图 7-33　导入文本内容　　　　　　图 7-34　插入多个停顿 0.5 秒的标记

164

步骤03 在"播报内容"选项卡底部单击 文雅1.0× 按钮，文雅1.0×为模板中默认的数字人音色和读速。弹出"选择音色"对话框，筛选合适的音色，如在"新闻资讯"音色选项卡中选择"婉清"音色，如图7-35所示。

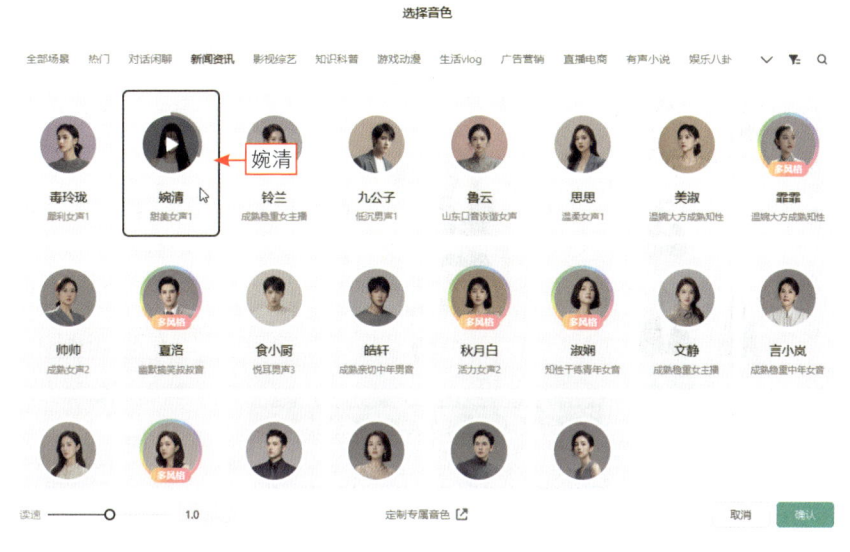

图 7-35 选择"婉清"音色

步骤04 执行操作后，设置"读速"为0.9，单击"确认"按钮，如图7-36所示，适当降低播报的播放速度。

图 7-36 单击"确认"按钮

165

步骤 05 执行操作后，即可修改数字人的音色，单击"保存并生成播报"按钮，如图7-37所示，即可根据文字内容生成相应的语音播报，同时数字人的播报时长也会根据文本配音的时长而改变。

图 7-37 单击"保存并生成播报"按钮

7.2.5 替换数字人的背景样式

用户在编辑数字人视频时，可以修改其背景，包括图片背景、纯色背景和自定义背景等方式，具体操作方法如下。

步骤 01 在工具栏中单击"背景"按钮，如图7-38所示，展开"背景"面板。

图 7-38 单击"背景"按钮

【AI视频与直播】
第7章　AI数字人直播：创新带货形式，增加用户互动和黏性

步骤02 切换至"自定义"选项卡，单击"本地上传"按钮，如图7-39所示，即可上传自己喜欢的背景图片。

图7-39　单击"本地上传"按钮

步骤03 弹出"打开"对话框，选择相应的素材，单击"打开"按钮，如图7-40所示，即可将选择的背景素材导入"本地上传"面板。

图7-40　单击"打开"按钮

步骤04 选择导入的背景素材，如图7-41所示，即可替换数字人的背景。

167

图 7-41 选择背景素材

步骤 05 选中画面中多余的奶茶标志，单击鼠标右键，弹出快捷菜单，选择"删除"命令，如图7-42所示，即可删除不需要的画面标志。

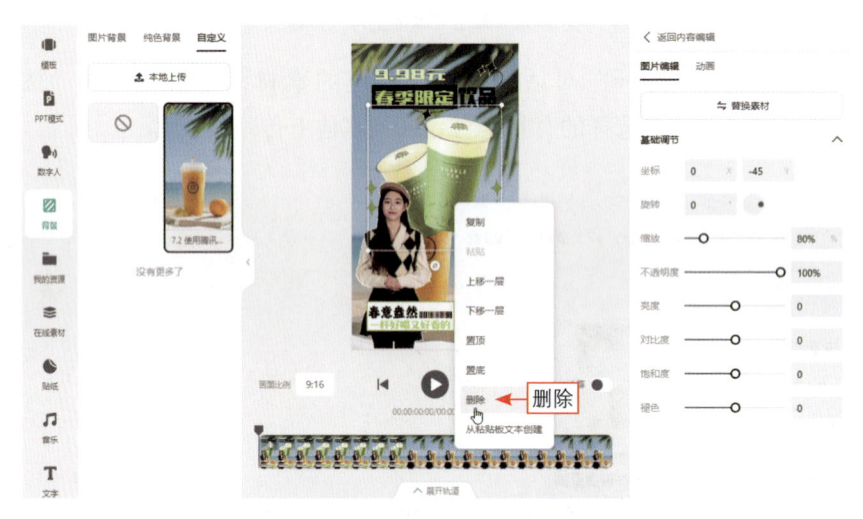

图 7-42 选择"删除"命令

7.2.6 编辑数字人的文字内容

数字人模板中自带了一些文字元素，用户可以根据推广视频的需求，更改其中的文字内容，具体操作方法如下。

步骤 01 在预览区中选择相应的文本，在编辑区的"样式编辑"选项卡中，设置相应的字体，如图7-43所示。

扫码看教学视频

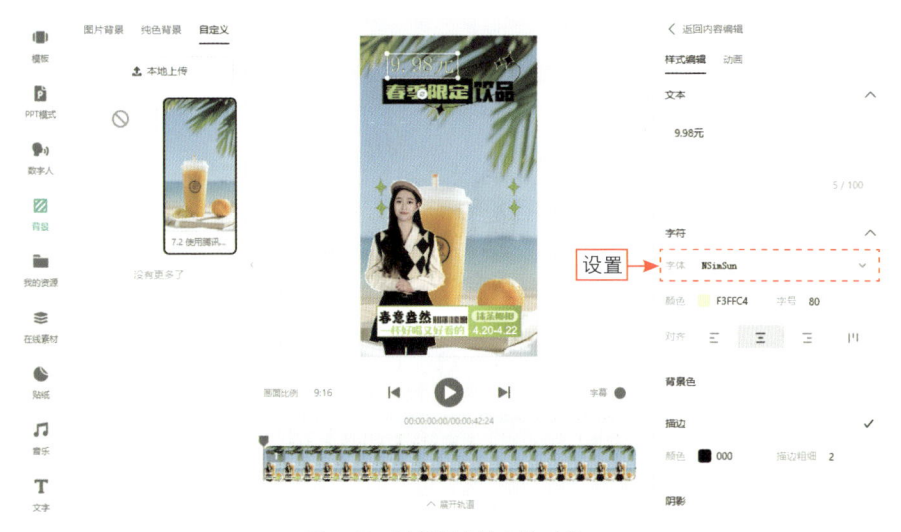

【AI视频与直播】
第7章 AI数字人直播：创新带货形式，增加用户互动和黏性

图 7-43 设置相应的字体（1）

步骤 02 在"基础调节"选项区中，设置"X坐标"为-66、"Y坐标"为-257、"缩放"为74%，如图7-4所示，即可调整文字的位置和字体大小。

图 7-44 设置"坐标"和"缩放"参数

步骤 03 选择"春季限定"文本，将其修改为"夏季限定"，然后用与上面相同的方法，设置相应的字体，并设置"X坐标"为-79、"Y坐标"为-186，如图7-45所示，对文字的内容、字体和位置等进行调整。

步骤 04 选择相应的贴纸，在"图片编辑"选项卡中，设置"X坐标"为-80、"Y坐标"为-192、"缩放"为60%，如图7-46所示，即可调整贴纸的位置和大小。

169

图7-45 设置相应的参数（1）

图7-46 设置相应的参数（2）

步骤 05 用与上面相同的操作方法，选择"饮品"文本，设置相应的字体和"坐标"参数，如图7-47所示。

步骤 06 选择相应的贴纸，在"图片编辑"选项卡中，设置"X坐标"为-1、"Y坐标"为-191，如图7-48所示，即可调整贴纸的位置和大小。

步骤 07 选中相应的贴纸，单击鼠标右键，弹出快捷菜单，选择"删除"命令，如图7-49所示，即可将其删除。

步骤 08 选择相应的文字，在"样式编辑"选项卡中，对文字进行相应的编辑，设置相应字体，然后设置"X坐标"为-66、"Y坐标"为270，如图7-50所示，即可调整其位置。

【AI视频与直播】
第7章 AI数字人直播：创新带货形式，增加用户互动和黏性

图 7-47 设置相应的参数（3）

图 7-48 设置相应的参数（4）

图 7-49 选择"删除"命令

图 7-50 设置相应的参数（5）

步骤 09 用与上面相同的操作方法，选择需要更改的文字，在"样式编辑"选项卡中，更改相应的文字内容，设置相应的字体和颜色，如图7-51所示。

图 7-51 设置相应的字体和颜色

171

步骤10 设置"X坐标"为-60、"Y坐标"为300、"缩放"为37%，如图7-52所示，即可调整文字的位置和大小。

图7-52 设置相应的参数（6）

步骤11 用与上面相同的操作方法，选择需要更改的文字，在"样式编辑"选项卡中，更改相应的文字内容，设置相应的字体，如图7-53所示。

步骤12 用与上面相同的操作方法，选择需要更改的文字，在"样式编辑"选项卡中，更改相应的文字内容，设置相应的字体，如图7-54所示。

图7-53 设置相应的字体（2）　　　　图7-54 设置相应的字体（3）

步骤13 单击页面右上角的"合成视频"按钮，如图7-55所示。

步骤14 执行操作后，弹出"合成设置"对话框，输入相应的名称，单击

"确定"按钮,如图7-56所示。

图 7-55 单击"合成视频"按钮

步骤 15 弹出"功能消耗提示"对话框,单击"确定"按钮,如图7-57所示。

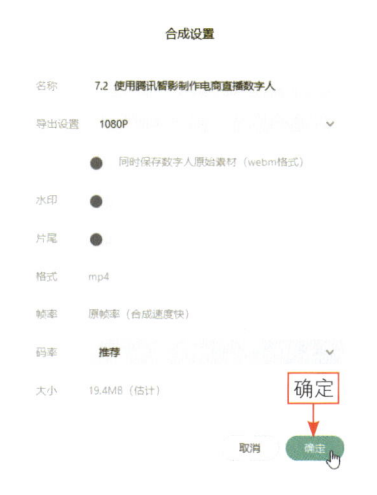

图 7-56 单击"确定"按钮(1)　　图 7-57 单击"确定"按钮(2)

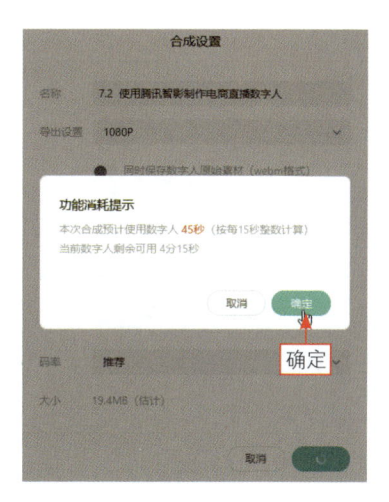

步骤 16 执行操作后,进入"我的资源"页面,在合成完后的视频预览图上,单击下载按钮 ⬇,如图7-58所示,即可保存数字人视频。至此,完成电商直播数字人案例的制作。

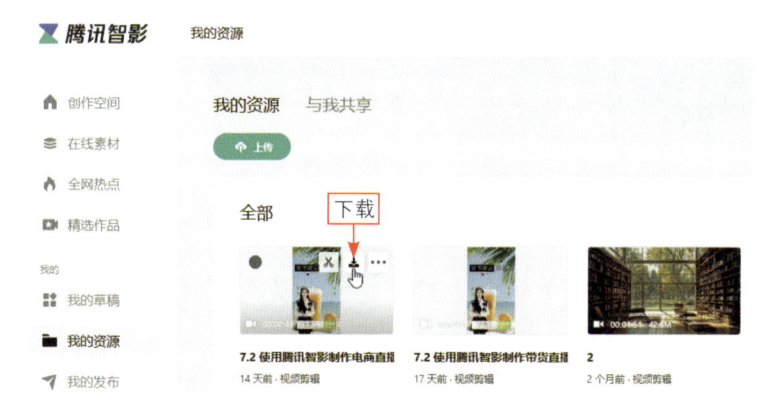

图 7-58 单击下载按钮

173

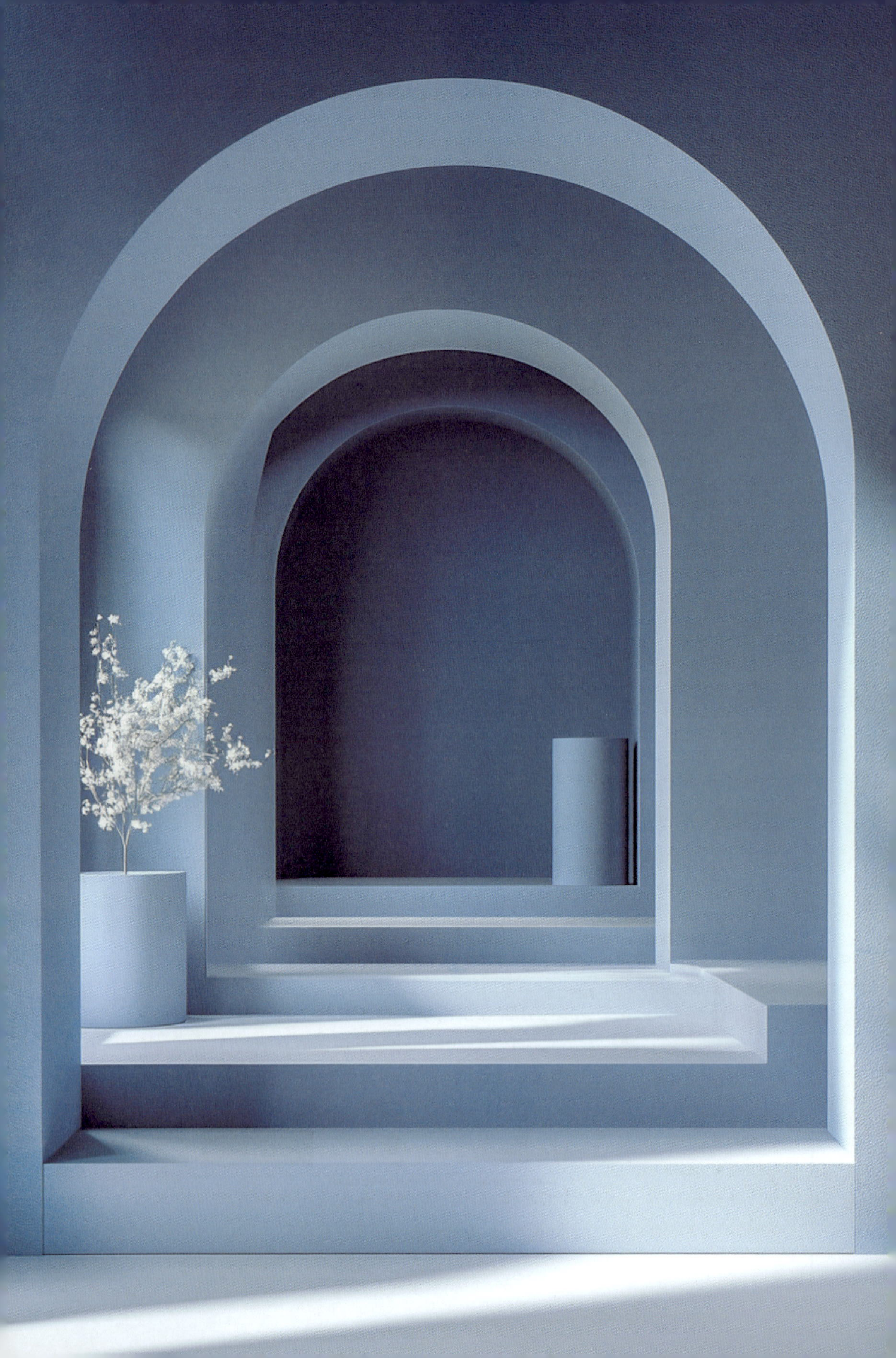

【AI 营销与客服】

第 8 章　AI 智能营销：精准定位目标用户，提高网店营销效果

　　AI智能营销不仅改变了传统营销模式的局限，更通过数据驱动、精准预测和个性化体验，为品牌带来了前所未有的增长机遇。本章将带领用户走进AI智能营销的世界，通过对一系列案例的解析，我们可以洞察其背后的策略、技术和成效，为未来的营销实践提供宝贵的启示。

8.1 认识 AI 营销

在当今商业竞争日益激烈的背景下，认识与使用人工智能营销成为企业提升市场竞争力的关键一环。人工智能以其强大的数据分析能力，为营销领域带来了前所未有的变革，通过深度学习用户行为、精准预测市场趋势，AI营销能够为企业量身定制营销策略，实现个性化推广与高效转化。

掌握AI营销技术，不仅能够更精准地触达目标客户，还能在激烈的市场竞争中占据先机。本节将讲述AI营销的相关知识，帮助大家对AI营销有一个初步的认识。

8.1.1 什么是人工智能营销

在当今这个数字化时代，营销领域正经历着前所未有的变革，而人工智能营销正是这场变革的一股强劲力量，下面从3个维度来阐述人工智能营销。

1. 定义

人工智能营销，顾名思义，是指利用先进的人工智能技术（如机器学习、自然语言处理等）来优化、改进和自动化市场营销活动的全过程，它不仅重塑了传统的营销方式，还为企业带来了前所未有的营销效率和精准度。

人工智能营销的核心在于将AI技术与市场营销策略深度融合，通过复杂的算法和模型，AI能够处理和分析海量的消费者数据，从中挖掘出有价值的信息和洞见，进而指导企业制定更加精准和有效的营销策略。这一过程不仅减轻了营销人员的工作负担，还极大地提高了营销活动的效率和准确性。

2. 核心应用

人工智能营销的核心应用广泛而深入，涵盖了市场营销的多个关键环节。首先，在消费者行为预测方面，AI能够基于历史数据和市场趋势，预测用户的购买意向和偏好，从而帮助企业提前布局市场，抢占先机。

其次，个性化内容推荐也是AI营销的一大亮点，通过分析用户的浏览历史、购买记录和社交媒体互动等信息，AI能够为用户量身定制个性化的产品推荐和营销信息，提升用户体验和满意度。

3. 目标

人工智能营销的最终目标是提高营销效率、精准度，并提升用户体验，从而促进品牌成长，提高用户忠诚度，通过AI技术的应用，企业能够更加精准地定位目标市场，制定具有针对性的营销策略，提高营销活动的转化率。

同时，个性化的内容推荐和智能客服等服务也能够提升用户的购物体验和满意度，增强用户对品牌的认同感和忠诚度。最终，这些都将为企业的品牌成长和长期发展奠定坚实的基础。

基于用户反馈和市场数据，人工智能可以帮助企业不断优化产品和服务。通过持续改进和创新，企业能够提供更具竞争力的产品和服务，满足用户的多样化需求。

8.1.2 营销人员如何使用人工智能

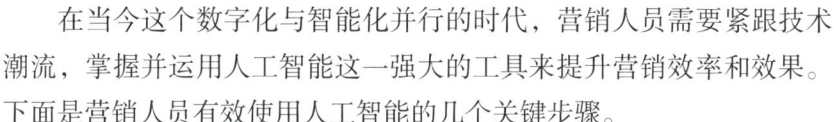

在当今这个数字化与智能化并行的时代，营销人员需要紧跟技术潮流，掌握并运用人工智能这一强大的工具来提升营销效率和效果。下面是营销人员有效使用人工智能的几个关键步骤。

1. 技术准备

首先，营销人员需要具备一定的AI基础知识，包括了解机器学习技术、自然语言处理、数据分析等核心概念和技术原理，这不仅有助于他们更好地理解AI的工作原理，还能在后续的应用中做出更明智的决策。

同时，熟悉并掌握常用的AI工具和平台也是必不可少的，如数据分析软件、自动化营销平台、AI内容生成工具等，如阿里云、mautic、Kimi人工智能。这些工具将成为营销人员实施AI营销的重要助手。图8-1所示为自动化营销平台mautic，风格清新简洁，有着完备且全面的功能。

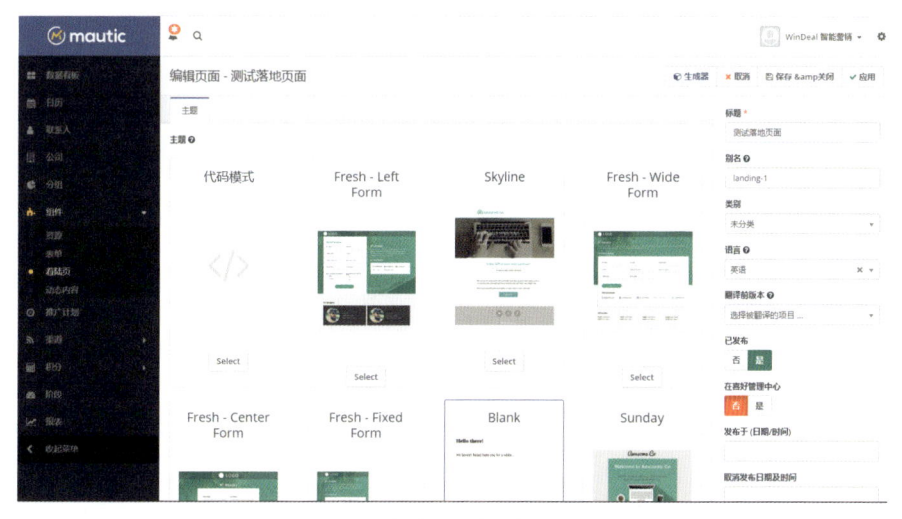

图 8-1　自动化营销平台 mautic

2. 数据收集与分析

数据是AI营销的基石，营销人员需要利用AI工具全面收集并分析用户数据，这些数据包括但不限于用户的浏览行为、购买历史、社交媒体互动、搜索记录等，通过对这些数据的深入分析，可以构建出详尽的用户画像，了解用户的兴趣、偏好、需求及行为模式，这些洞察将为企业制定精准的营销策略提供有力支持。

例如，现今抖音平台便推出了抖音热点宝功能，在大环境下利用短视频热点和关键词进行AI计算和数据分析，方便定位相关人群。图8-2所示为抖音热点宝对抖音平台账号进行的热度数据分析排名。

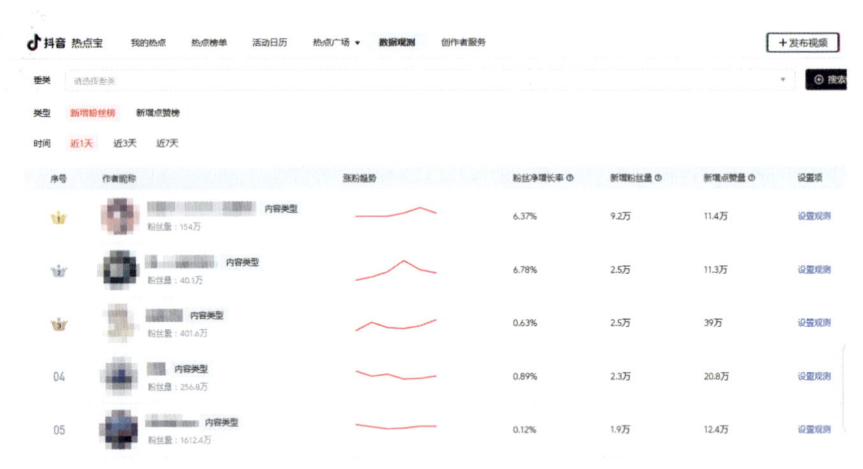

图 8-2 热点宝数据分析

3. 策略制定

基于AI分析的结果，营销人员可以制定出更加个性化的营销策略。例如，根据用户的购买历史和浏览行为，为他们推荐定制化的产品或服务；根据用户的地理位置和兴趣偏好，实施精准的广告投放；利用AI内容生成工具，快速创作出符合用户口味的内容等，这些策略不仅能够提高营销的精准度和有效性，还能提升用户的购物体验和满意度。

4. 执行与监测

在执行营销策略时，AI平台能够自动化完成许多烦琐的任务，如广告投放、邮件推送、社交媒体管理等，这极大地减轻了营销人员的工作负担，使他们能够更专注于策略的制定和优化。

同时，AI平台还具备实时监测功能，能够实时跟踪营销活动的进展情况，包括点击率、转化率、用户反馈等指标，这些数据将为营销人员提供宝贵的反馈信息，帮助他们及时了解营销效果并调整策略。

5. 优化与迭代

根据营销效果的反馈，营销人员需要不断优化AI模型和营销策略，包括调整模型参数以提高预测的准确性、优化推荐算法以提升个性化程度、改进广告创意以提高点击率等。同时，随着市场和用户的变化，营销策略也需要不断迭代更新，以适应新的形势。通过持续的优化和迭代，营销人员可以不断地提升AI营销的效果和竞争力。

8.1.3 AI技术在市场营销中的优势

在市场营销领域，人工智能技术的引入正逐步改变着传统的营销方式和策略，为企业带来了前所未有的优势。从精准营销到效率提升，再到数据驱动决策和持续学习与优化，AI技术在市场营销中展现出了其独特的魅力和价值。

扫码看教学视频

1. 效率提升

在市场营销过程中，AI技术还带来了显著的效率提升。传统的营销方式往往需要大量的人力投入，包括市场调研、数据分析、广告投放等环节，而AI技术的引入则实现了这些流程的自动化和智能化。

例如，AI可以自动收集并分析用户数据，无须人工干预；AI平台可以自动执行广告投放任务，实现精准投放和效果监测；AI客服可以24小时不间断地为用户提供咨询服务，解决用户的问题和疑虑。图8-3所示为乐言科技的AI客服答疑模式。

图 8-3 乐言科技的 AI 客服答疑模式

2. 精准营销

AI技术的最大亮点之一在于其能够实现精准营销,通过深度学习和数据挖掘技术,AI能够处理并分析海量的用户行为数据,包括浏览记录、购买历史、社交媒体互动等,从而构建出详尽且精准的用户画像。

用户画像不仅揭示了用户的性别、环境、习惯等关键信息,还为企业提供了个性化的营销机会。基于这些画像,企业可以实施定制化的产品推荐、精准的广告投放等策略,将最符合用户需求的产品和服务直接送达用户手中。这种精准营销不仅提高了营销的命中率,还极大地提升了用户体验和满意度。

3. 数据驱动决策

AI技术还为企业决策提供了强大的数据支持。在数据为王的时代,企业决策的准确性和科学性往往取决于数据的丰富程度和分析能力。

AI技术通过其强大的数据处理和分析能力,能够为企业提供全面的市场洞察和用户分析,这些洞察和分析不仅揭示了市场的变化趋势和用户需求的变化,还为企业制定营销策略和决策提供了可信赖的科学依据。基于这些数据驱动的决策,企业可以更加精准地把握市场机会,降低决策风险,提高营销效果。

4. 持续学习与优化

AI技术的另一个重要优势在于其自我学习和优化的能力。与传统的营销策略不同,AI技术能够根据市场变化和用户反馈不断调整和优化策略,通过不断学习和迭代,AI模型能够逐渐提高预测的准确性和个性化程度,为企业带来更好的营销效果。

同时,AI技术还能够实时监测营销活动的效果和反馈,及时调整策略以应对市场变化,这种持续学习和不断优化的能力使得AI技术在市场营销中更具竞争力和适应性。

8.1.4 AI技术在市场营销中的劣势

尽管人工智能技术在市场营销中展现出了诸多优势,为企业带来了前所未有的机遇,但其应用也伴随着一系列不容忽视的劣势,这些劣势在一定程度上限制了AI技术在市场营销中的广泛应用和深入发展。下面便对AI在市场营销中的劣势进行详细的说明。

1. 技术门槛高

AI营销的实施需要专业、高效的技术团队和昂贵的设备支持,这是其面临的首要劣势。对许多中小企业而言,这样的投入可能是一个沉重的负担。

AI技术的研发、部署和维护都需要高度专业化的知识和技能，而这些往往超出了中小企业的能力范围。因此，许多中小企业在面对AI营销时，只能望而却步，无法充分享受其带来的便利与好处。

2. 数据隐私与安全

AI营销涉及大量用户数据的收集和处理，这引发了人们对数据隐私和安全的担忧。在数字化时代，用户数据是企业宝贵的资产，但同时也是容易受到攻击的目标。如果企业在数据收集、存储和处理过程中存在漏洞或疏忽，就可能导致数据泄露和滥用，这不仅会损害用户的利益，还会对企业的声誉和信誉造成严重影响。

因此，如何在利用AI技术进行营销的同时确保用户数据的安全和隐私，是企业必须面对的一项重要挑战。

3. 技术依赖与误判

过度依赖AI技术也是市场营销的一大隐忧，虽然AI技术能够处理和分析大量数据，为营销策略的制定提供有力支持，但过度依赖AI可能导致营销人员忽视市场的真实需求和变化。

另外，AI算法的准确性和可靠性也受到数据质量的影响。如果输入的数据存在偏见或误差，AI算法就可能产生误判，从而导致营销策略的失效或失败。因此，在利用AI技术进行营销时，企业需要保持对市场的敏锐洞察力和判断力，避免过度依赖AI而忽视市场的真实情况。

4. 技术普及度有限

目前，AI技术在市场营销中的普及程度仍然有限。尽管许多大型企业和行业已经开始尝试和应用AI营销，但仍有许多行业和企业尚未充分利用其潜力，这主要是由于技术门槛高、投入成本大、专业人才缺乏等原因导致的。

另外，一些企业可能对传统营销方式仍抱有惯性思维，对新兴技术持观望态度，这种技术普及度的限制在一定程度上阻碍了AI技术在市场营销中的广泛应用和深入发展。

8.1.5 对AI营销的几点建议和展望

随着人工智能技术的飞速发展，其在市场营销领域的应用日益广泛且深入。为了更好地利用AI技术提升营销效果，同时规避潜在的风险和挑战，下面对AI营销提出了几点建议和展望。

1. 加强技术投入与人才培养

首先，企业应充分认识到AI技术在市场营销中的重要性，并加大在该领域的技术投入，包括引进先进的AI技术、设备和软件，以及建立专门的研发团队来推动技术创新和应用。

同时，人才的培养也是关键。企业应积极培养具备AI技能和市场营销知识的复合型人才，他们既能理解AI技术的原理和应用，又能根据市场需求制定有效的营销策略，通过加强技术投入和人才培养，企业可以构建起强大的AI营销能力，为市场竞争提供有力支持。

2. 注重数据隐私与安全

在利用AI进行营销的过程中，数据隐私与安全是不可忽视的问题。企业应建立完善的数据管理制度和隐私保护机制，确保用户数据的安全性和合法性，包括明确数据收集、存储、处理和使用的规范流程，采用加密技术保护数据传输过程中的安全，以及定期对数据安全进行审计和评估。

另外，企业还应加强员工的数据安全意识培训，确保每个员工都能严格遵守数据保护规定，通过注重数据隐私与安全，企业可以赢得用户的信任和支持，为AI营销的可持续发展奠定坚实的基础。

3. 保持人性化与情感连接

尽管AI技术能够带来高效和精准的营销效果，但营销的本质始终是人与人之间的沟通和连接。

因此，在利用AI进行营销的同时，企业应注重与用户的情感沟通和人性化服务，包括通过个性化的推荐和定制化的服务来满足用户的个性化需求；通过优质的客户服务和即时的反馈机制来提高用户的满意度和忠诚度；通过创意和有趣的内容来吸引用户的注意力和兴趣。

通过保持人性化与情感连接，企业可以建立起与用户的深厚关系，提高用户的黏性和忠诚度。

4. 持续探索与创新

AI技术在市场营销中的应用仍处于不断探索和创新的阶段，企业应保持开放的心态和创新的精神，不断探索AI在市场营销中的新应用场景和创新模式。包括利用AI技术进行市场趋势预测和消费者行为分析；利用AI技术优化广告投放和营销策略；以及利用AI技术提升客户服务和售后支持等。

通过持续探索与创新，企业可以不断挖掘AI技术的潜力，为市场营销带来更多新的可能和机遇。

8.2 使用 AI 生成网店内页文案

网店内页文案是指在电商平台或者自建网店中，用于描述店铺或商品信息的文字内容，通常包括店铺名称、商品标题、主图文案，以及商品详情页中的各种文案，这些文案的主要作用在于吸引消费者关注店铺或购买商品。本节将介绍使用ChatGPT生成网店内页文案的操作方法。

8.2.1 生成店铺名称

店铺名称指的是网店的名称，一个好的店铺名称可以吸引消费者，并提高品牌知名度。下面介绍使用ChatGPT生成店铺名称的操作方法。

扫码看教学视频

步骤01 将为店铺取名的相关提示词输入到ChatGPT的文本框中，让它帮我们取几个名称，相关的提示词示例如下。

> **RI 提问**
>
> 在给店铺取名时，可以考虑以下几种方式。
> （1）简单明了：取一个精简、易懂的名字，让人们一眼就能记住。
> （2）独特性：创造一个独特且与众不同的名字，有助于让店铺脱颖而出。
> （3）行业相关性：将网店中的商品或服务直接反映到店铺名称中，有助于消费者更快地理解店铺名称。
> （4）趣味性：选用幽默有趣、富有想象力的名称，可以使店铺在消费者心目中留下深刻印象。
> 根据上述要求，给一个女装网店取5个名称。

★ 专 家 提 醒 ★

在给网店取名时，需要注意以下几点：首先，名称要简洁、易记，避免过长或复杂的拼写；其次，要与所经营的商品相关联，能够准确传达网店的特点和定位；此外，名称要具有独特性和创意性，能够吸引目标客户群体的注意；最后，确保名称在法律层面没有侵权问题，避免使用已注册的商标或受保护的名词。

一个好的网店名称能够起到多重作用：首先，它能够吸引潜在客户的兴趣，让他们对网店产生好奇和探索的欲望；其次，一个有吸引力的名称可以提升品牌形象和认知度，帮助网店在竞争激烈的市场中脱颖而出；最后，一个恰当的名称能够让顾客对网店的产品或服务有所预期，建立起一种信任和期待的情感连接。总之，一个好的网店名称能够为网店的宣传推广和品牌建设提供有力支持。

步骤 02 按【Enter】键确认，ChatGPT即可生成符合要求的店铺名称，用户只需在其中选择自己喜欢的店名即可，相关的回复内容如下。

ChatGPT

根据上述命名方式，以下是5个适合女装网店的名称，这些名称各自具备不同的风格和特色，你可以根据品牌定位和目标客户群体选择最合适的一个。

1. 简约之美

这种名字简洁明了，容易记住，且直接反映出店铺的风格——简约而美丽。

2. 花漾时光

这个名字独特而优雅，给人一种浪漫且独特的感觉，容易在众多店铺中脱颖而出。

3. 时尚衣橱

这个名字直接反映了店铺所提供的商品，让消费者一目了然地知道这是一个时尚女装店。

4. 笑衣坊

这个名字趣味性十足，幽默有趣，容易在消费者心中留下深刻印象。

5. 优雅蝶影

这个名字充满了想象力和独特性，给人一种优雅与美丽的联想，非常适合高档女装店。

8.2.2 生成商品标题

商品标题是指在淘宝、京东、拼多多、抖音等电商平台中用于简要描述和展示商品名称的部分，它是吸引消费者点击进入商品详情页并了解商品的第一步。

一个好的商品标题可以让人们更快、更容易地找到你的商品，并且提高商品的点击率和转化率。下面介绍使用ChatGPT生成商品标题的操作方法。

步骤 01 将与商品标题相关的提示词输入到ChatGPT的文本框中，让它帮我们写商品标题，相关的提示词示例如下。

提问

下面是一些编写商品标题时应考虑的因素。

（1）突出重点信息：将商品最重要的特性与卖点放在标题的前面。

（2）关键词优化：使商品更容易被搜索引擎推荐，以提高商品曝光率。

（3）简明扼要：精炼说明商品特色，使消费者一目了然。

（4）吸引消费者：添加有吸引力的副标题，以激发消费者的购物欲望，商品为电冰箱，根据上述要求，写5个符合淘宝网的商品标题。

步骤 02 按【Enter】键确认，ChatGPT即可生成符合要求的多个商品标题，相关的回复内容如下。

> **ChatGPT**
>
> 根据上述编写商品标题的因素，以下是5个适合淘宝网电冰箱的商品标题。
> 1. 大容量智能双开门冰箱，冷冻保鲜无霜，超静音节能家用。
> 2. 超薄嵌入式电冰箱，多功能智能温控，高效保鲜，节省空间。
> 3. 风冷无霜对开门冰箱，高效节能，低噪声，大容量储存。
> 4. 变频节能三门电冰箱，设计时尚，快速冷冻，保鲜新鲜。
> 5. 高端智能冰箱，多门独立控温，超大储存空间，省电静音。
> 这些标题在突出商品重点信息、关键词优化、简明扼要和吸引消费者方面均进行了优化。

8.2.3 生成商品主图文案

商品主图文案是指电商平台上商品主图中的一段短文本描述，其目的是在最短的时间内突出商品的特点和卖点，以激发消费者的购买欲望。下面介绍使用ChatGPT生成商品主图文案的操作方法。

步骤 01 将商品主图文案的相关提示词输入到ChatGPT的文本框中，让它帮我们写商品主图文案，相关的提示词示例如下。

> **提问**
>
> 下面是编写商品主图文案时应考虑的几个关键因素。
> （1）突出重点：凸显最重要的商品特点和卖点，让消费者更容易注意到。
> （2）简明扼要：使用短小精悍的语言描述商品卖点，以便快速传达重要信息。
> （3）独具匠心：通过运用独特和创新的表达方式来提高商品的形象和关注度。
> （4）增强信任感：利用各种优惠政策来增强消费者对店铺和商品的信任感。
> （5）吸引感性需求：运用有趣或引人入胜的文字来吸引消费者的感性需求。
> 商品为笔记本电脑，根据上述要求写5条商品主图文案。

★ 专 家 提 醒 ★

商品主图文案的基本作用是增强商品的吸引力和购买欲望，它能够为消费者提供更多的商品信息，帮助消费者更好地了解商品的特点和功能。在撰写商品主图文案时，需注意以下几点：首先，文案要简洁明了，能够在短时间内吸引消费者的注意力；其次，突出商品的卖点和特色，通过文字描述凸显商品的价值和优势；此外，文案要具备情感吸引力，能够引发消费者的情感共鸣；最后，确保文案与主图相呼应，形成整体的视觉冲击力。

步骤02 按【Enter】键确认，ChatGPT即可生成符合要求的多条商品主图文案，相关的回复内容如下。选择一条简洁而有吸引力的商品主图文案，可以帮助我们增强商品识别度，扩大商品曝光率，并提高商品转化率。

ⓢ ChatGPT

根据上述关键因素，以下是5条适合笔记本电脑的商品主图文案。
1. 超长续航，告别充电焦虑
突出电池续航能力，吸引消费者的实际需求。
2. 轻薄便携，工作、娱乐两不误
简明扼要地传达笔记本的便携性，适合移动办公和娱乐的用户。
3. 高清大屏，视觉盛宴
强调屏幕质量，让消费者感受到高端显示效果的吸引力。
4. 高效性能，轻松驾驭多任务
凸显笔记本的强大性能，适合需要处理多任务的用户。
5. 限时优惠，购机送豪礼
通过促销信息增强消费者的信任感，同时激发购买欲望。

8.2.4 生成海报图文案

海报图文案是指在店铺首页或商品详情页的广告图片、宣传海报等配图中的文字描述，它通常用于引起消费者的购买欲望并提高商品转化率。下面介绍使用ChatGPT生成海报图文案的操作方法。

步骤01 将海报图文案的相关提示词输入到ChatGPT的文本框中，让它帮我们写海报图文案，相关的提示词示例如下。

ⓡ 提问

下面是编写海报图文案时应考虑的几个关键因素。
（1）突出重点：将最吸引人的卖点放在前面并加粗或使用不同的字体突出显示。
（2）语言简洁明了：用简短、清晰的语言来传达营销信息，切勿过于冗长。
（3）利用视觉元素：使用符号、数字和特殊字符等视觉元素来突出重点信息。
（4）引起情感共鸣：使用吸引人的语言来激发消费者的情感需求。
（5）加强口碑宣传：添加优质好评信息，进一步增强商品质量的宣传效果。
商品为连衣裙，根据上述要求写5条海报图文案。

步骤02 按【Enter】键确认，ChatGPT即可生成符合要求的海报图文案，相关的回复内容如下。建议大家在编写海报图文案时充分考虑目标客户群的需求和兴趣，使文案能够吸引消费者的眼球并自然而然地让他们产生购买欲望。

◎ ChatGPT

根据上述关键因素，以下是5条适合"连衣裙"的海报图文案。

1. 经典款式：立即抢购，打造优雅气质

简洁直观，突出连衣裙的经典设计，吸引消费者的注意。

2. 今夏必备：轻盈飘逸，释放你的夏日魅力

使用特殊字符和简洁的语言，增强夏季新品的吸引力。

3. 五星好评："穿上这条裙子，感觉自己像个公主！"

通过用户好评引起共鸣，提升产品的可信度和吸引力。

4. 限量发售：柔美剪裁，勾勒完美曲线

强调连衣裙的限量性和设计特点，刺激消费者的购买欲。

5. 新品上市：精致细节，完美演绎女性魅力

利用符号和简明的语言，突出新品的精致与独特性。

8.2.5 生成商品信息文案

商品信息文案是指在商品详情页中关于商品详细信息和介绍的文字描述，它通常包括商品的功能、用途、规格、大小、材质、颜色等详细信息，以帮助消费者了解商品并快速做出购买决策。下面介绍使用ChatGPT生成商品信息文案的操作方法。

步骤01 将商品信息文案的相关提示词输入到ChatGPT的文本框中，让它帮我们写商品信息文案，相关的提示词示例如下。

R1 提问

请帮我撰写一段咖啡机的商品信息文案，文案中需要包含产品名称、功能特点、适用场景、操作简便性、品质保证以及购买优惠。同时，请确保文案风格符合现代都市生活。

步骤02 按【Enter】键确认，ChatGPT即可生成符合要求的商品信息文案，相关的回复内容如下。建议大家在编写商品信息文案时，应尽可能清晰、直观地介绍商品，吸引消费者的注意力，并使其更愿意下单。

◎ ChatGPT

产品名称：摩登高效智能咖啡机

【功能特点】

一键操作，快速制作多种咖啡口味，满足您的味蕾需求；智能温控系统，确保每一杯咖啡都处于最佳饮用温度；节能设计，低功耗运行，绿色环保，为您的生活加分。

> 【适用场景】
> 无论是家庭休闲时光，还是办公室繁忙工作间隙，摩登高效智能咖啡机都是您最佳的伴侣。让您在都市生活的快节奏中，轻松享受咖啡带来的惬意时光。
> 【操作简便】
> 简约触控面板，操作步骤一目了然，让您轻松上手。即使咖啡小白，也能快速成为咖啡大师，为您的生活增添一份仪式感。
> 【品质保证】
> 我们承诺，摩登高效智能咖啡机采用高品质原材料，经过严格检测，确保产品性能稳定。为您提供两年质保服务，让您购买无忧。
> 【购买优惠】
> 限时优惠，现在购买摩登高效智能咖啡机，即可享受8折优惠，还赠品咖啡豆一包！抓住机会，让摩登高效智能咖啡机成为您都市生活的时尚点缀！

8.2.6 生成卖点展示文案

卖点展示文案是指在商品介绍、广告宣传等场景中，用文字形式突出、展示商品的特点和卖点的文本描述，它的目的是吸引消费者的注意，传达商品的独特之处，并促使消费者产生购买欲望。下面介绍使用ChatGPT生成卖点展示文案的操作方法。

步骤01 将卖点展示文案的相关提示词输入到ChatGPT的文本框中，让它帮我们写卖点展示文案，相关的提示词示例如下。

> 🅡 提问
>
> 以下是编写卖点展示文案时应考虑的几个关键要素。
> （1）突出独特的特点：着重强调商品的独特之处，如独具的优势和特色。
> （2）强调实际效益：如提高生活品质、解决问题或满足需求等方面。
> （3）与目标群体契合：文案的内容和风格符合目标消费群体的口味、兴趣和需求。
> （4）图文配合：以更直观的方式展示商品的特点和卖点。
> （5）真实可信：文案应真实客观，避免夸大和虚假宣传。
> 商品为学生书包，根据上述要求写5条卖点展示文案。

步骤02 按【Enter】键确认，ChatGPT即可生成符合要求的卖点展示文案，相关的回复内容如下。建议大家在编写卖点展示文案时，突出商品的独特之处，简明扼要地描述实际效益，并与目标群体契合，引发他们的情感共鸣，同时配合图文来呈现信息，保持文案的真实、可信。

ChatGPT

1. 专为学子设计，舒适背负不累肩：这款学生书包采用人体工学设计，减轻背部压力，长时间使用也不会感到疲劳，让孩子每天都能轻松上学。
2. 大容量多隔层，井井有条好收纳：独特的多功能隔层设计，轻松容纳各种书本和学习用品，分类收纳不再混乱，让孩子快速找到所需物品。
3. 防水防污，全天候守护学习工具：书包外层采用优质防水材料，轻松应对雨天或不慎洒水的情况，让书本和电子设备时刻保持干爽。
4. 时尚百搭款式，彰显个性不随波逐流：专为年轻学生设计的时尚外观，多种颜色和图案可选，满足不同的个性，兼顾潮流与实用。
5. 安全反光条设计，夜晚出行更安心：配备高亮反光条，确保孩子在夜间或光线不足的环境中也能被清晰看到，提高出行安全性。

8.3 使用AI生成电商营销文案

在竞争十分激烈的电商市场中，引人注目的电商营销文案是促进商品销售的关键，用户可以通过巧妙地运用文字的力量，将商品与目标消费者紧密地联系在一起，创造出独特的购买体验。本节将介绍使用ChatGPT生成电商营销文案的操作方法。

8.3.1 生成创意广告文案

创意广告文案是指通过独特、富有创意和吸引力的语言表达方式，以及巧妙的文字组织和排列，来吸引目标消费者、引发情感共鸣、激发购买欲望的文字内容。下面介绍使用ChatGPT生成创意广告文案的操作方法。

步骤01 将创意广告文案的相关提示词输入到ChatGPT的文本框中，让它帮我们写创意广告文案，相关的提示词示例如下。

> **提问**
>
> 以下是编写创意广告文案的几个关键要素。
> （1）独特性：通过奇思妙想、与众不同的表达方式，引起消费者的注意。
> （2）引起情感共鸣：运用幽默、温馨、感人或令人惊奇的表达手法，打动消费者的心弦。
> （3）简洁明了：用简短的语言表达核心信息，避免冗长、晦涩的文字。
> （4）调动消费的购买欲望：通过巧妙的词语组合和叙述，让消费者觉得拥有该商品或享受该服务会带来独特的好处和体验。

（5）品牌一致性：有效传达品牌的特点和风格，塑造品牌形象，并与其他品牌广告形成区别。

商品为爽肤水，根据上述要求写4条创意广告文案。

步骤02 按【Enter】键确认，ChatGPT即可生成符合要求的创意广告文案，相关的回复内容如下。

ChatGPT

1. 一滴清晨，唤醒肌肤好心情

独特配方，瞬间注入水润活力，犹如为肌肤喝下一杯晨露。

2. 干燥？别慌，让肌肤畅饮一杯水！

清爽不黏腻，告别干燥困扰，让你的脸全天保持水润光泽。

3. 保湿黑科技，锁住青春"芯"秘密

创新保湿技术，深入滋润每一寸肌肤，保持水润，焕发年轻光彩。

4. 瞬间吸收，清透无负担，肌肤自在呼吸

轻拍即入，告别油腻感，感受前所未有的透亮与清爽。

8.3.2 生成品牌宣传文案

品牌宣传文案是人们为了向目标消费者传达品牌的核心价值、特点和优势而创作的一段文字内容，能够通过语言的艺术表达和吸引人的叙述方式，吸引潜在的消费者、建立品牌形象并促进商品销售。下面介绍使用ChatGPT生成品牌宣传文案的操作方法。

步骤01 将品牌宣传文案的相关提示词输入到ChatGPT的文本框中，让它帮我们写品牌宣传文案，相关的提示词示例如下。

提问

以下是写品牌宣传文案的几个关键要素。

（1）清晰明了：能够一目了然地传达品牌的核心价值和独特卖点，避免使用复杂的行话或术语，使消费者容易理解并与品牌产生共鸣。

（2）独特个性：具备独特的个性和风格，能够吸引消费者的注意力并在竞争激烈的市场中脱颖而出。文案的语言和表达方式应该符合品牌的定位和目标消费者的喜好，打造独特的品牌形象。

（3）引发情感共鸣：能够触动消费者的情感，建立起积极的情感联系，进而激发他们与品牌互动，提高忠诚度。

根据上述要求为一个家电品牌写5条品牌宣传文案。

步骤 02 按【Enter】键确认，ChatGPT即可生成符合要求的品牌宣传文案，相关的回复内容如下。

ChatGPT

1. "智能科技，温暖守护每个家"
我们的家电不仅仅是工具，更是为您带来温暖与便捷的生活伴侣。
2. "品质生活，从这里开始"
我们相信，家的每一个细节都值得被用心对待。高质量家电，让幸福变得触手可及。
3. "简约不简单，科技触手可及"
简洁设计，性能强大，我们的家电以创新和智能为您的生活减负，带来更多轻松的时光。
4. "为爱而生，呵护每个温馨瞬间"
无论是冬日的温暖还是夏日的清凉，我们的家电用心为家中的每一个人提供贴心的关怀。
5. "您的舒适，是我们最好的动力"
不断创新，只为让您在每一次的使用中，感受到家的温度与幸福的延续。

8.3.3 生成活动促销文案

活动促销文案是为了宣传和推广特定商品或服务活动而创作的一段文字内容，它的目的是吸引潜在的消费者，促使他们参与活动并购买商品或服务。下面介绍使用ChatGPT生成活动促销文案的操作方法。

步骤 01 将活动促销文案的相关提示词输入到ChatGPT的文本框中，让它帮我们写活动促销文案，相关的提示词示例如下。

提问

以下是写活动促销文案的几个要素。
（1）强调独特性：突出活动的独特性和特点，以吸引消费者的关注。通过凸显特殊优惠、限时促销、独家折扣或独特体验等活动亮点，激发潜在消费者的兴趣和购买欲望。
（2）创造紧迫感：在语言上创造一种紧迫感，让消费者感受到活动的重要性和限时性。使用诸如"马上行动""限时抢购"等词汇，鼓励潜在的消费者尽快参与活动，以避免错过机会。
（3）简明扼要：尽量用简短的语句表达核心信息，使用简洁有力的词汇和短语，突出活动的主要优势和利益，让消费者一目了然地了解活动内容和价值。
（4）触发情感共鸣：通过使用情感化的语言、引人入胜的故事或引发好奇心的问题，激发潜在消费者的情感反应，提高活动的吸引力和影响力。

（5）呼吁行动：使用醒目的行动动词，如"立即购买""点击链接""参加活动"等，引导潜在的消费者采取下一步行动，并提供明确的指引和链接，以便他们参与活动或购买商品。

根据上述要求，为一个图书新店开业活动写5条活动促销文案。

步骤 02 按【Enter】键确认，ChatGPT即可生成符合要求的活动促销文案，相关的回复内容如下。

ChatGPT

1. "新店开业，书香满城！独家优惠立减20%，书迷们不容错过！"
限时三天，精选好书低至五折，马上行动，打造你的私人书库！
2. "开业惊喜大放送，首日抢购享7折，还送超值书签礼盒！"
数量有限，先到先得，快来感受阅读的美好，错过不再有！
3. "新店开幕，满200立减50，还能抽取神秘书礼！"
独家优惠只在这里，行动要快，一起探索知识的海洋！
4. "你的书架还差哪本？新店开业特惠，每满100减10，再享积分双倍返！"
现在就是填满心愿清单的最佳时机，立刻参与，把好书带回家！
5. "热爱阅读的你，绝不能错过这个盛大开幕日！全场折扣，优惠不断，还有书友沙龙等你参加！"
加入我们的阅读社区，享受开业狂欢，为你的灵魂补充能量！

8.3.4 生成情感沟通软文

情感沟通软文是指以柔性的写作风格和引起情感共鸣的写作手法，撰写出情感化的文字内容，能够与潜在消费者建立情感联系和信任，进而促进商品销售和建立品牌形象。下面介绍使用ChatGPT生成情感沟通软文的操作方法。

步骤 01 将情感沟通软文的相关提示词输入到ChatGPT的文本框中，让它帮我们写情感沟通软文，相关的提示词示例如下。

提问

以下是写情感沟通软文的几个要素。
（1）诚实、真实：传递真实的情感和故事，避免夸大或虚构信息。
（2）引发共鸣：通过讲述真实的故事、分享用户体验或诉诸情感的描述，与消费者建立情感连接，激发他们的共鸣和关注。
（3）情感化的语言：运用感性和生动的语言，以情感化的方式表现商品或服务的特点和优势。通过使用形象化的描写、情绪化的词汇和具体的情感表达，增强消费者的参与感和记忆。

（4）提供解决方案：突出商品或服务能够解决的问题和带来的好处，强调如何满足消费者的需求，提供解决方案，并通过情感化的叙述方式，让潜在的消费者产生对商品或服务的需求感。

（5）以消费者为中心：软文要根据目标消费者的特征、喜好和需求进行有针对性的创作，了解消费者的情感触发点、关注点和价值观，从而更好地吸引他们的关注和购买意愿。商品为孕妇装，根据上述要求写一篇情感沟通软文。

步骤 02 按【Enter】键确认，ChatGPT即可生成符合要求的情感沟通软文，相关的回复内容如下。

ChatGPT

爱与呵护，始于每一个孕期的选择

一件舒适的孕妇装，究竟能带来多大的改变？

每个怀孕的女人，都是带着期待与忐忑走向母亲这个角色的。十个月的孕育，是一段充满挑战的旅程，伴随着身体的变化和情绪的波动，而最简单的一件事情——穿衣服，竟也变得不再轻松。

这时候，舒适的孕妇装不只是衣物，它是一个拥抱，是对孕期女性最真切的呵护。

孕妇装不仅仅是为了解决穿衣的"麻烦"。它更是在细微处，体贴地关注每一位准妈妈的需求——柔软、透气的面料，贴心的设计，既保护了孕妈的敏感肌肤，又让肚中的宝宝有了足够的成长空间。这不仅是一种舒适的享受，更是一份安心的选择，让每一位母亲在这段重要的人生旅程中，感受到温暖与关爱。

我们深知，孕期的每一天都至关重要。从日常的行动到心情的起伏，身心的变化都需要被理解和关注。孕妇装，不只是衣柜里的一件衣服，它是妈妈们对自己和宝宝的爱与负责。我们希望每位孕妈妈在穿上它的那一刻，能够感受到一种无声的支持和陪伴，让孕妈妈在这段特别的旅程中，每一步都走得更加坚定、从容。

在这段孕育的时光里，你不只是一个孕妈妈，你依然是那个美丽、自信、值得被宠爱的人。而我们的孕妇装，愿成为你最忠实的守护者，陪伴你度过每一个温柔而难忘的日子。

孕期或许艰辛，但因为爱，一切变得温暖而美好。让我们的孕妇装，成为你孕期生活温暖的港湾，伴随你迎接新生命的到来。

——因为你，值得最好的呵护。

8.3.5 生成电商短视频文案

电商短视频文案是指在电商平台上发布的针对商品推广或品牌宣传的短视频中的文字描述，它的作用是通过简洁明了的语言表达，引导观众完成购买行为。下面介绍使用ChatGPT生成电商短视频文案的操作方法。

步骤01 将电商短视频文案的相关提示词输入到ChatGPT的文本框中，让它帮我们写电商短视频文案，相关的提示词示例如下。

提问

以下是写电商短视频文案的几个要素。
（1）简洁明了：直接表达核心信息，避免冗长的叙述和复杂的词汇，确保观众能够在短时间内快速理解商品或服务的特点和优势。
（2）引起兴趣：以引人入胜的方式开篇，激发观众的兴趣和好奇心。使用引人注意的标题或问题，或者以一个短小精悍的故事开头，吸引观众的眼球并促使他们继续观看视频。
（3）强调视觉和口语配合：文案的内容应与视频画面相呼应，通过口语的表达方式增强视频的效果，使观众在观看视频时获得一致的信息和情感体验。
（4）突出独特卖点：文案要突出商品或服务的独特卖点，强调其与竞争对手的区别。通过简洁有力的语言，直接表达商品的特色和优势，激发观众的购买兴趣。
（5）呼吁行动：在文案中加入明确的呼吁行动，鼓励观众采取下一步行动。使用醒目的动词和短语，如"立即购买""点击链接""抢先预订"等，引导观众进行购买或了解更多信息。
根据上述要求，为一个火锅店美食团购短视频写标题文案和内容文案。

步骤02 按【Enter】键确认，ChatGPT即可生成符合要求的电商短视频文案，相关的回复内容如下。

ChatGPT

标题文案：
"【限时疯抢】舌尖上的盛宴！这家火锅店，让你一口穿越麻辣仙境，团购特惠，错过等一年！"
内容文案：
【开场吸引】
"嘿，美食探索家们，你们准备好了吗？今天，我要带你们揭秘一家藏在城市角落，却能让你味蕾瞬间爆炸的火锅店！"
【视觉与口语配合】
"镜头前这翻滚的红油，是不是已经让你口水直流了？精选上等牛油，搭配秘制香料，慢火熬制数小时，只为那一锅让人欲罢不能的麻辣汤底。"
【突出独特卖点】
"但别急，这家店的魅力可不止于此！他们家的招牌菜——'极品雪花牛肉'，每一片都是大理石纹理，入口即化，搭配特制酱料，简直是肉食爱好者的天堂！还有那手工制作的虾滑，Q弹十足，每一口都是满满的海洋鲜味！"

【结尾强化】

"记住，美食不等人，优惠更不等人！赶紧行动，让我们一起，在这家火锅店，开启一场说走就走的味蕾旅行！期待在麻辣的海洋里与你相遇！"

8.3.6 生成直播带货文案

直播带货文案是指在直播带货过程中，为商品或服务编写的文字内容，旨在吸引观众的关注，激发他们的购买欲望，并促使他们在直播间下单。下面介绍使用ChatGPT生成直播带货文案的具体指令和相关示例。

扫码看教学视频

步骤01 将直播带货文案的相关提示词输入到ChatGPT的文本框中，让它帮我们写直播带货文案，相关的提示词示例如下。

> **R1 提问**
>
> 以下是写直播带货文案的几个要素。
> 1. 即时性和实时性：文案与直播内容实时配合，根据主播的话题和商品展示，即时调整文案，增强观众的参与感和紧迫感。
> 2. 强调互动和参与：鼓励观众积极参与互动，如提问、评论、抽奖等。通过提出问题、提供回答或呼应观众的评论，增加观众与主播的互动，刺激观众的购买意愿和信任感。
> 3. 清晰明了的商品介绍：文案要清晰地介绍商品的特点、功能和优势，凸显其解决问题或满足需求的价值。避免冗长的描述，通过简洁明了的语言，使观众快速了解商品的关键信息。
> 4. 创造购买冲动：使用诱人的词汇和表达方式，突出商品的独特卖点、限时优惠、赠品或独家福利，以及购买后带来的好处和体验，引导观众立即行动购买。
> 5. 个性化和情感化：通过真实的故事、用户体验分享、情感化的表达和幽默感，增加观众的好感和信任，增强购买意愿。
> 商品为运动鞋，根据上述要求，写一篇直播带货文案。

步骤02 按【Enter】键确认，ChatGPT即可生成符合要求的直播带货文案，相关的回复内容如下。

> **ChatGPT**
>
> 【直播现场，热力全开！】
> 大家好，欢迎各位运动爱好者们，你们最期待的运动鞋专场直播现在火爆开启！此刻，我与这双集科技、舒适与时尚于一身的梦幻跑鞋并肩，只为给你带来前所未有的购物体验！

【即时秒杀,错过等哭】

看这里,主播手上这双,正是今夏最火爆的运动鞋!它不仅拥有流线型设计,引领潮流前线,更融入了最新缓震科技,让你的每一步都如履云端。现在下单,前100名还有超值赠品等你来拿,数量有限,先到先得哦!

【互动时间,有问必答】

想知道这双鞋的透气性如何?适合什么脚型?别急,评论区留言告诉我,我亲自试穿解答,让你的问题秒变直播亮点!快来参与吧,说不定下一个被翻牌的就是你!

【清晰介绍,一目了然】

这款运动鞋,采用轻量化材质,减轻负重同时不失支撑力,无论你是晨跑达人还是健身房常客,它都能完美适配。独特的防滑底纹,雨天也能稳抓地面,安全无忧。更重要的是,它的耐磨性经过严格测试,陪你走过更长远的路!

快来加入我们的运动大军吧,让这双运动鞋成为你迈向更好自己的第一步!点击屏幕下方的链接,立即抢购,我们直播间见,不见不散!

第9章　AI智能客服：提供高效的客户服务，
　　　　提升用户的满意度

利用AI智能客服提供高效的客户服务，是指通过人工智能技术实现自动化、智能化的客户服务流程，以快速响应客户需求，精准地解决问题，并提升客户体验与满意度。本章将详细介绍AI智能客服的相关知识，帮助用户全面掌握这一前沿领域的核心内容。

9.1　AI 客服概述

随着人工智能技术的飞速发展，AI客服已经逐渐从概念走向实践，并在各行各业展现出巨大的潜力和价值。它不仅极大地提升了服务效率，降低了运营成本，更为用户带来了前所未有的便捷与智能体验。本章将从基本概念、关键技术、应用场景到用户体验提升等多个方面，详细讲解AI客服的相关知识。

9.1.1　AI客服的基本概念

AI客服，即人工智能客服系统，是一种利用人工智能技术模拟人类客服人员的行为，提供自动化、智能化客户服务的新型服务模式。它集成了自然语言处理、深度学习、语音合成、知识图谱、情感分析等先进技术，能够实现与用户之间的多轮对话、问题理解、信息检索、智能回答，以及情感分析等复杂的交互过程。AI客服的出现，极大地提高了客服效率，降低了企业运营成本，并为用户提供了更加便捷、高效、个性化的服务体验。图9-1所示为电商平台的AI客服。

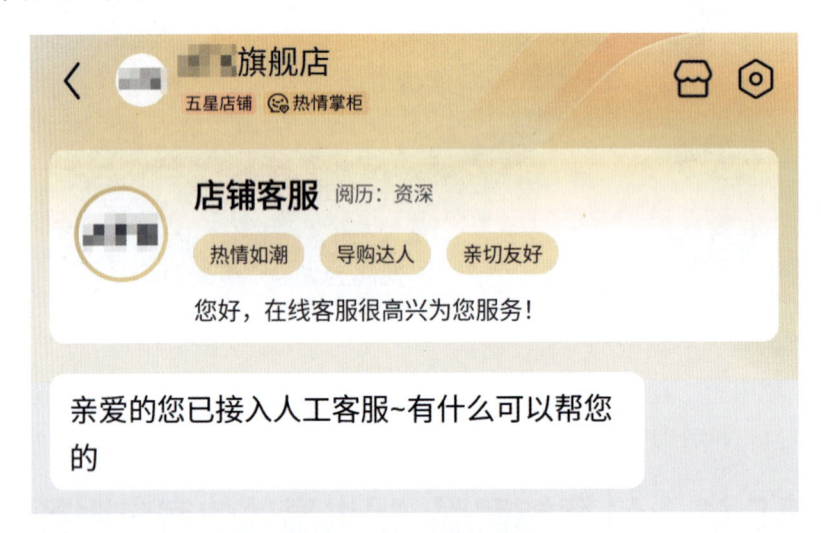

图 9-1　电商平台的 AI 客服

9.1.2　AI客服的关键技术

人工智能技术支撑起了AI客服的强大功能，正是这些技术的深度融合与创新应用，赋予了AI客服强大的"智慧"。这些关键技术具体包括以下几点，如图9-2所示。

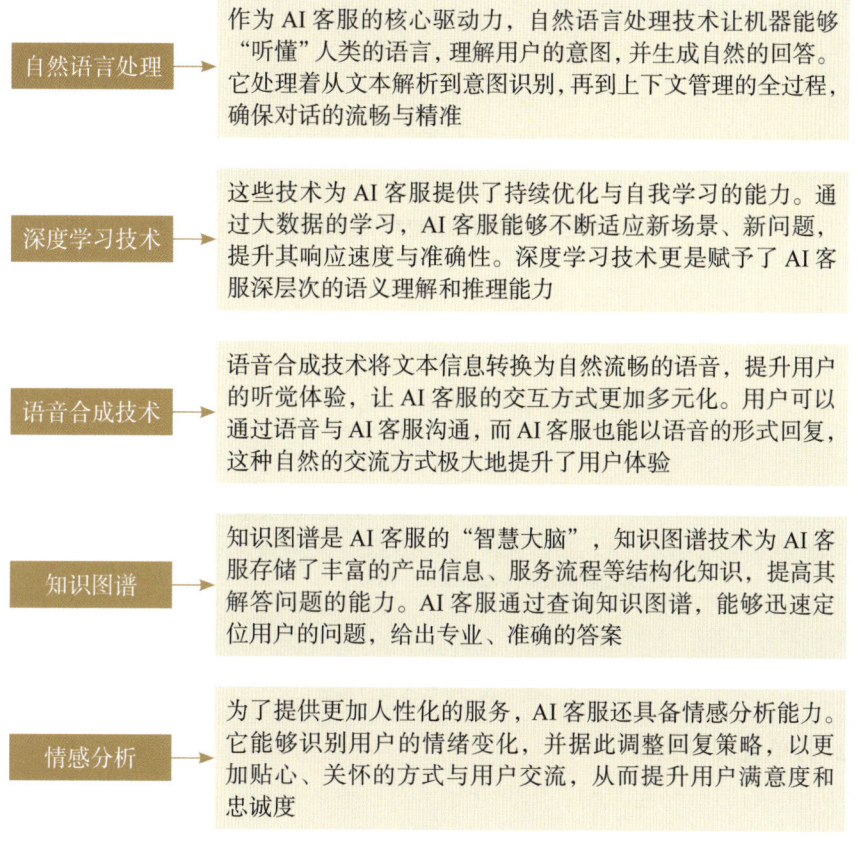

自然语言处理	作为AI客服的核心驱动力，自然语言处理技术让机器能够"听懂"人类的语言，理解用户的意图，并生成自然的回答。它处理着从文本解析到意图识别，再到上下文管理的全过程，确保对话的流畅与精准
深度学习技术	这些技术为AI客服提供了持续优化与自我学习的能力。通过大数据的学习，AI客服能够不断适应新场景、新问题，提升其响应速度与准确性。深度学习技术更是赋予了AI客服深层次的语义理解和推理能力
语音合成技术	语音合成技术将文本信息转换为自然流畅的语音，提升用户的听觉体验，让AI客服的交互方式更加多元化。用户可以通过语音与AI客服沟通，而AI客服也能以语音的形式回复，这种自然的交流方式极大地提升了用户体验
知识图谱	知识图谱是AI客服的"智慧大脑"，知识图谱技术为AI客服存储了丰富的产品信息、服务流程等结构化知识，提高其解答问题的能力。AI客服通过查询知识图谱，能够迅速定位用户的问题，给出专业、准确的答案
情感分析	为了提供更加人性化的服务，AI客服还具备情感分析能力。它能够识别用户的情绪变化，并据此调整回复策略，以更加贴心、关怀的方式与用户交流，从而提升用户满意度和忠诚度

图 9-2　AI客服的关键技术

9.1.3　电商平台的AI客服应用场景

AI客服在各个领域都有着广泛的应用，但其中最为人们所熟知的莫过于电商平台。在电商平台上，AI客服发挥着不可替代的作用。从商品咨询到订单管理，从售后服务到智能推荐，AI客服无处不在，为用户提供了全方位、全天候的服务支持。

在电商平台的运营中，AI客服的应用场景广泛且深入，为商家和消费者带来了诸多便利与效益。以下是电商平台AI客服的主要应用场景。

1. 商品咨询与查询

当消费者在琳琅满目的商品前犹豫不决时，AI客服便成了他们的贴心助手。用户只需简单地输入关键词或描述，AI客服便能迅速从海量商品中筛选出相关信息，解答用户的疑问，助力购物决策的制定。

❶ 用户可以通过AI客服快速查询商品信息，包括价格、库存、规格、材质、使用方法等。AI客服能够基于商品数据库，迅速响应并提供准确的信息。

❷ 对于复杂的商品问题，AI客服还能通过多轮对话，深入了解用户的需求，提供个性化的解答和建议，如图9-3所示。

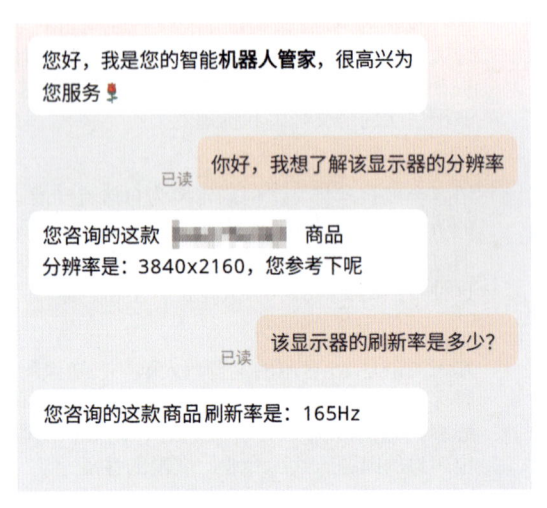

图 9-3　AI 客服进行解答

2. 订单处理与跟踪

从下单的那一刻起，AI客服便开始了对订单的全程守护。无论是查询订单状态，还是处理配送中的小插曲，AI客服都能及时响应，为用户提供全程无忧的订单管理服务。

❶ 用户可以通过AI客服查询订单状态，包括已支付、已发货、配送中、已签收等各个环节。AI客服能够实时对接物流系统，提供最新的订单跟踪信息。

❷ 在订单出现问题时，如配送延迟、商品破损等，AI客服也能及时介入，协助用户处理售后问题，提供解决方案或引导用户进行退换货操作。

3. 售后服务与支持

面对售后问题，消费者往往期望得到快速且有效的解决方案。AI客服凭借其高效的响应速度和专业的处理能力，成了解决售后问题的重要力量。它不仅能够快速定位出现问题的原因，还能提供多种解决方案，确保消费者的权益得到保障。

❶ AI客服在售后服务中扮演着重要角色。用户可以通过AI客服提交投诉、建议或咨询售后政策，AI客服会根据用户反馈的问题类型，自动分配至相应的处理部门或提供初步的解决方案。

❷ 对于常见的售后问题，如退换货流程、退款政策等，AI客服能够直接给

出明确的解答和操作步骤，提高处理效率，如图9-4所示。

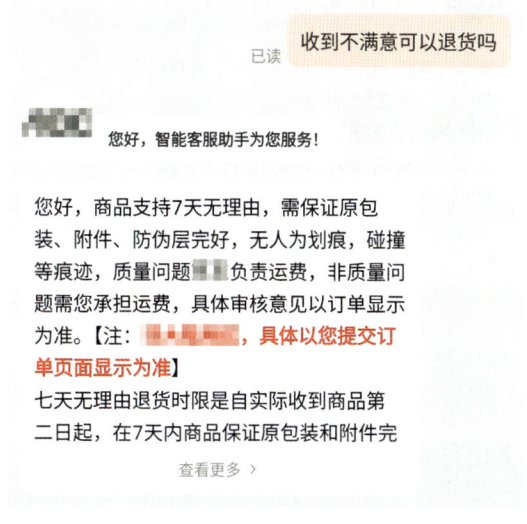

图 9-4　AI 客服进行售后说明

4. 情感关怀与互动

除了功能性的服务，AI客服还注重与用户的情感交流。它能够通过温馨的问候、适时的关怀及有趣的互动，拉近与用户的距离，增强用户的归属感和忠诚度。

❶ AI客服不仅具备处理问题的能力，还能通过情感分析技术，感知用户的情绪变化。在用户表达不满或需要帮助时，AI客服能够以更加贴心、关怀的方式与用户交流，缓解用户的不满情绪。

❷ 同时，AI客服还能通过互动游戏、抽奖活动等方式，增加用户与电商平台的互动性和趣味性，提升用户体验。

5. 智能推荐与个性化服务

在电商平台上，个性化服务是提升用户体验的关键。AI客服通过分析用户的购物行为和偏好，能够精准地推送符合其需求的商品和优惠信息，让用户在享受购物乐趣的同时，也能感受到平台的关怀与贴心。

❶ 基于用户的购买历史、浏览记录、搜索记录等数据，AI客服能够分析用户的兴趣偏好，为用户推荐相关的商品或优惠活动，如图9-5所示，这种个性化推荐有助于提高销售转化率和用户满意度。

❷ AI客服还能根据用户的购物习惯和场景，提供定制化的服务方案，如生日祝福、节日优惠、会员特权等，增强用户黏性。

图 9-5　AI 客服推荐最新商品

6. 跨语言与跨文化交流

对于跨境电商平台，AI客服还具备跨语言和跨文化交流的能力。它能够自动识别用户的语言类型，并提供相应的语言服务。同时，AI客服还能了解不同国家和地区的文化背景和消费习惯，为用户提供更加贴近当地市场的服务。

7. 数据分析与运营优化

AI客服还能够收集和分析用户与客服的交互数据，包括咨询量、问题类型、处理时间、用户满意度等。这些数据对电商平台来说具有重要的价值，可以帮助其了解用户的需求和市场趋势，优化商品结构和服务流程，提升运营效率和竞争力。

9.2　配置 AI 客服

配置AI客服是指根据企业的具体需求和业务场景，对人工智能客服系统进行定制化的设置和调整，以确保AI客服能够高效、准确地响应用户，提供符合企业服务标准的客户服务。本节将详细讲解配置AI客服的相关知识。

9.2.1　配置AI客服的方法

配置AI客服的过程通常涉及多个步骤，这些步骤旨在确保智能客服系统能够有效地理解用户的需求并提供准确的响应，以下是一个概括性的配置流程。

扫码看教学视频

1. 明确需求与目标

在着手配置AI智能客服之前，首先需要清晰地界定其应用场景、目标用户群体及期望达到的效果。这一步是配置工作的基础，有助于人们后续更加精准地选择工具、设计对话流程。

❶ 确定使用场景：明确AI智能客服将应用于哪些场景，如售前咨询、售后服务、产品推广等，如图9-6所示。

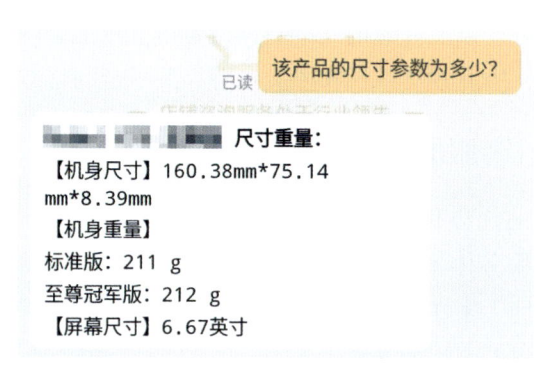

图9-6　向AI客服进行售前咨询

❷ 确定服务对象：明确服务的目标用户群体，如普通消费者、合作伙伴或企业内部员工。

❸ 设定期望的效果：明确希望通过AI智能客服实现什么样的效果，如提高响应速度、降低人力成本、提升用户满意度等。

2. 选择AI平台与工具

有了明确的需求与目标，接下来便是选择合适的AI平台与工具。市场上存在众多优秀的AI平台，它们各自拥有独特的优势和特性。我们需要仔细评估，选择最适合自己需求的平台，以确保AI智能客服系统能够高效、稳定地运行。

❶ 评估平台能力：选择具有强大AI搜索服务、定制化问答机器人功能，以及稳定易用的操作界面的平台。

❷ 考虑平台特性：根据实际需求选择合适的平台，考虑其稳定性、易用性、是否支持多语言翻译等特性。

3. 设计对话流程

确定了平台与工具后，接下来设计对话流程。这一步至关重要，它直接影响到用户与AI智能客服的交互体验。我们需要从用户的角度出发，设计合理、流畅的对话流程，确保用户能够轻松、快速地获得所需的帮助。

❶ 设置引导语：设计合理的引导语，帮助用户明确如何与智能客服进行

交互。

❷配置提问方式：根据用户的需求和习惯，设置合理的提问方式和回复模板。

❸处理异常情况：确保在对话流程中能够处理异常情况，如当用户输入无法理解的问题时给出合理的提示或引导。

通过以上步骤，可以完成AI智能客服的配置工作，使其能够有效地为企业和用户提供智能化服务。需要注意的是，具体配置过程可能会因所使用的平台和工具的不同而有差异，因此在实际操作中应参考相关平台的官方文档或指南。

9.2.2 配置AI客服的注意事项

在探讨AI客服的优势和应用场景之后，接下来要关注如何将AI客服有效地融入企业服务体系中。下面将详细介绍配置AI客服的注意事项，这些要点将帮助大家在部署AI客服时避免出现错误，确保其能够为企业带来最大的价值，同时提升用户的满意度。

1. 明确目标与需求

在启动配置之前，首要任务是清晰界定AI客服的预期目标和实际业务需求。这一步至关重要，因为它将作为后续所有决策和配置的基石。

2. 细致评估平台与工具

选择合适的AI客服平台与工具是成功的关键。我们需要仔细评估不同平台的性能、稳定性、易用性及是否支持企业的特定需求，确保所选平台能够长期满足业务需求。

3. 关注数据隐私与安全

在配置过程中，必须高度重视用户数据的隐私与安全。确保所有数据传输和存储都符合相关法律法规要求，采用加密技术和安全措施保护用户数据不被泄露或滥用。

4. 优化对话流程与交互设计

对话流程和交互设计直接影响用户体验。我们需要设计直观、流畅的对话流程，确保AI客服能够准确理解用户的意图并提供及时、准确的回复。同时，注重交互设计的细节，如引导语、提示信息等，以提升用户满意度，如图9-7所示。

您好，智能客服助手为您服务！

请问您对产品质量、性能、使用简易程度比较在意哪一方面呢？

您的眼光非常不错，这款商品无论从性价比还是使用方面，客户反馈都是非常高的，久闻不如一试，相信不会让您失望的呢，您可放心购买使用哦~

图 9-7　AI 客服引导语

5. 持续训练与优化模型

AI客服的性能取决于其背后的模型。我们需要定期收集用户反馈和对话数据，对模型进行持续训练和优化，以提高其响应速度和准确率。同时，关注行业动态和技术发展，及时更新模型以适应变化的需求。

6. 确保系统稳定性与可靠性

在配置完成后，需要进行全面的测试以确保AI客服系统的稳定性和可靠性。同时，建立监控和应急响应机制，及时发现并解决潜在的问题，确保系统能够持续为用户提供优质服务。

7. 注重团队培训与支持

AI客服的成功实施还需要团队的全力支持。我们需要为团队提供必要的培训和支持，使他们能够熟练掌握操作和维护AI客服系统的技能。同时，建立有效的沟通机制，及时解决团队在使用过程中遇到的问题和困惑。

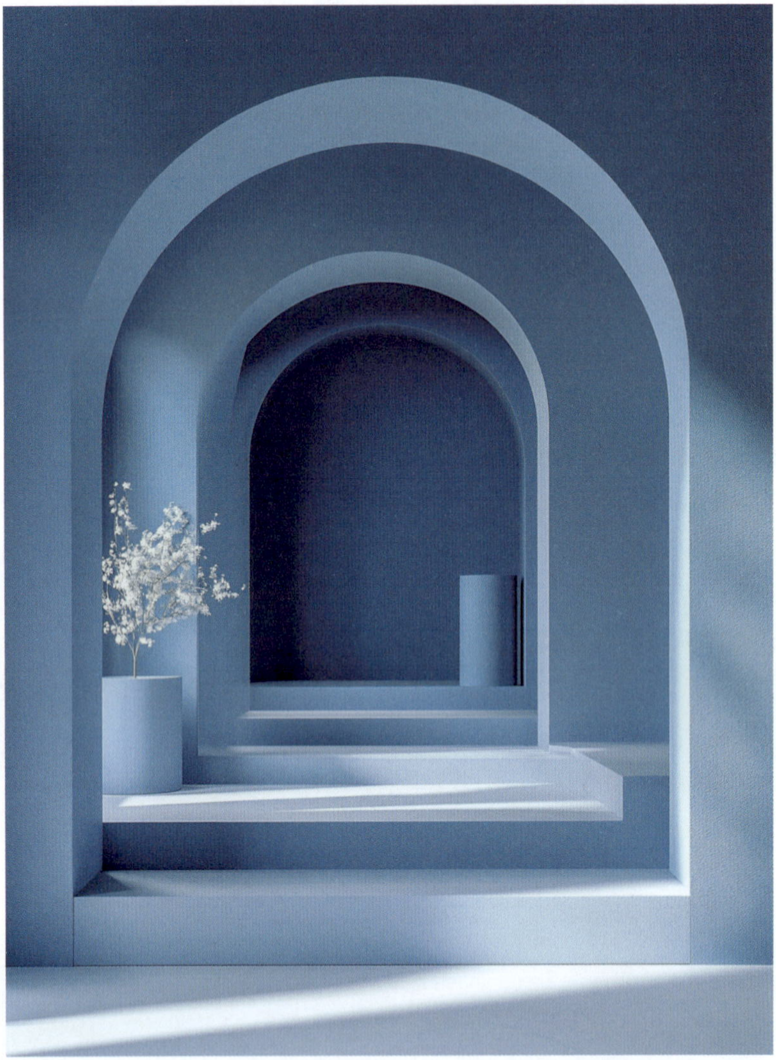